日本の司法福祉の源流をたずねて 2

感化事業とその管理法

留岡 幸助——著

慧文社

シリーズ「日本の司法福祉の源流をたずねて」刊行にあたって

近年、体感治安の悪化により、いわゆる刑罰の「厳罰化」を求める声も大きくなっている。少年法も適用年齢引き下げの議論が行われている。しかし、一般刑法犯検挙人員中の再犯者の占める割合（再犯者率）は、年々高まり、平成二六年では四七・一％となっている。これは一度罪を犯すと立ち直るのが難しいということを物語っている。社会に「居場所」と「出番」がなく、そうかといって福祉サービスを十分に受けられないために、犯罪を繰り返しては刑事施設の中で生活する人も多い。日本の犯罪率と再犯率を下げるためにも司法福祉の充実が急務である。これからの日本の司法福祉はどうあるべきか。それについて考えるために、その源流を再確認することは重要である。先人たちの名著をひもとくことによって、現在の問題と、これから進むべき道がより深く見えてくるに違いない。

慧文社

改訂版刊行にあたって

一、本書は一九〇九年に発行された留岡幸助（著）『感化事業と其管理法』（内務省地方局）を底本として、編集・改訂を加えたものである。

一、原本における明らかな誤植、不統一等は、これを改めた。

一、原本の趣を極力尊重しながらも、現代の読者の便を図って以下の原則に従って現代通行のものに改めた。

i　本文および引用の「旧字・旧仮名」は原則として「新字・新仮名」にに改めた。（例…畫↓画、いふ↓いう、等）。

ii　本文の踊り字は「々」のみを使用し、他のものは使用しない表記に改めた。

iii　本文の引用の送り仮名や句読点は、読みやすさを考えて適宜取捨した。

iv　難読と思われる語句や、副詞・接続詞等の漢字表記は、ルビを付すか、一部かな表記に改めた。

v　圏点は煩雑さを除くため、ゴマに統一した。

vi　一部の外国の地名や人名などは現代通行のものとし、［　］の中に註釈を附した。

vii　現代の観点から見ると差別的とも思える表現の使用や学説の紹介があるが、時代性と資料性を考慮してそのままに残した。しかしこれは差別を助長する目的ではない。

慧文社

目次

感化事業とその管理法

内務省事務嘱託　留岡幸助君講演

第一編

緒言

講習会の開かるる所以▽刑法の改正と感化事業

私の講演は『感化事業とその管理法』というのでありますが、感化事業の範囲に属することは出来得るだけ詳細に述べたい考えであります。今回この講習会の成立するに至った訳は、刑法改正に依って十四歳以下の者は罪の如何を論ぜず犯罪者とはならぬ。従って感化事業の範囲でやらなければならぬことになった。それには是非講習会が必要であるというので、特別に経費を議会に要求して、この会が開設されることになったのであります。それで感化事業の成功すると否とは直接議会に対して政府は責任があるのでありますから、なるべく詳細に述べてくれろということでありまして、私の講演に限り他の講師と異なり特に時間が多いのでありますから、出来得るだけ詳細に述べ、且《か》つ力《つと》めて書物に無いような事柄を追々《おいおい》述べようと思うのであります。勿論《もちろん》なるべく詳細に述べるとしてもその大体に止《とど》まることと思いますから、感化事業の各方面に付いて私の知って居るだけの書物を引用して置きますから、詳細なることはその書物に就いて御研究になるよう願って置きます。

総論

感化事業の定義――広義および狭義▽感化の真意義▽感化教育と普通教育の差別▽英国の感化院――その種類と総数および在院者の数▽仏国の感化院およびその種類▽ドイツ国公私の感化院

そもそも感化事業とは如何なるものなるや。

定義 感化事業は各種の原因に依って悪化されたる者もしくは堕落したる未丁年者《みていねんしゃ》を国家

の行政的または司法的機関を通して、強制的に感化するものである。時宜に依りては国家は直接監督の下で適当なる個人または公私の慈恵団体に託して、強制教育を施すのである。

これで感化事業の定義は尽くして居るかと思います。感化教育なるものは各種の原因に依って悪化もしくは堕落した者を強制的に感化するのでありますから、普通教育とは甚《はなは》だその趣を異にして居るのである。この感化なる文字は英語の所謂《いわゆる》Reformという文字であって、英語ではその意義が甚だ明瞭である。従来我が邦で用い来たった感化なる文字は社会的に論ずる時はすこぶる曖昧《あいまい》の文字である。それは昔儒者や名僧の説を聴いて悪い人間が善良なる人間になったというのを普通感化というのであるが、それでは今日の科学的に用ゆる「感化《リホーム》」Reformなる語とは違うのである。それで普通教育と感化教育とはどこが違うのであるかというと、普通教育で開発する所以のものは天より享《う》け得た所の体力、知力および徳力を（何物からも悪化されて居らない）幼稚園の教育に依り、または小学教育およびその外の教育訓練に依ってこれを開拓して行くのである。ところがこの感化教育の領分に這入《はい》って来る者は天より享け得た所の力を有《も》って居るべきであるが、悲しい哉、両親の不行状に因《よ》り、家庭の紊乱《びんらん》に因り、または社会境遇の宜《よろし》からざることによりて身体も精神も崩潰《ほうかい》悪化されて居るのである。そういう者を再び造り変えて行くというのが欧米で謂《い》う所の感化教育または感化事業というものであります。そこで各種の原因に依って悪化せられたる者、もしくは堕落したる未成年者を国家の行政機関、例えば我が国の感化事業は内務省の所管に属し、小田原なり川越の幼年監は司法省の所管に属して居るが、ともかくも以上列挙したる感化の両機関は内務行政または司法行政の許に監督されて居る。然るに政府の力のみでは感化の実を完《まっと》うすることが出来ないから、場合に依っては政府監督の下に一個人の家庭、もしくは宗教団体に託して強制教育を施すのである。つまり不良子弟なるものは教育の無い為に悪化されて居るのであるから、これを強制して教育を施すことはなさねばならぬことであります。その詳細に至っては以下述ぶる所の各種の制度、組織方法等の中で論じて見ようと思いますから、まず感化教育の定義はこの如きものであると御了解を願って置きたいと思います。ところが感化教育なるこの定義は広き意味に解するのと狭き意味に解するのとで、大いにその意義を異にするのであります。これを広義に解釈すれば、感化教育なるものは啻《た》だに不良少年と未丁年犯罪者なるのみならず一般の犯罪者、浮浪徒、堕落婦人、貧児、孤児、私生児、低能児および親権の悪用または誤用に因れる憐れむべき児童を保護しまたは教養するものなり。

感化事業を広義に解釈すると右の如くになります。今日我が感化法でいう所の感化事業なるものは、ほんの感化事業中の一部である。不良少年を改良感化するのである。この狭き意味の感化事業は完き感化事業なるものを尽くして居ない。これを社会学の分科としての感化学というようなものから論ずれば、感化事業とは「崩れた人間を再び造り変える」ということであるから、これを広き範囲に於いて解釈せねばならぬ。それ故に感化事業を広き意味から解釈すると、不良少年と未丁年者ばかりでなく、一般の犯罪者も無論広き意味の感化教育を受くべきである。彼等の身体、彼等の道徳、彼等の知議は崩れてしまって居るのである。それから我が国には監獄法で労役場というものが出来て居るが、未だ労働場そのものはないが、西洋各国では乞食浮浪徒を処分する所の労役監の如きものは無論出来て居ります。この浮浪徒問題は今政府でも大いに考えて居るのであります。而してこの問題も勿論広き意味の感化事業の範囲に来る問題であります。それから堕落婦人、貧児、孤児、私生児、低能児および親権の悪用または誤用に基づく憐むべきの少年を保護するということは、例えば継母に窘《いじ》められて居るとか、或いは旧式の考えで親の権だけ主張しても義務は少しも尽くさないとか、自分の子供は自分の勝手にして少しも差し支ないものであるとかいうように非常に子供を粗末に取り扱って居る者がある。そういう子供に限って栄養が不良で、性情が歪って居ります。欧米には「小児虐待防止会」というものがある。その会は何の為めに出来て居るかというと、親権の悪用または誤用に依って悪化せらるる小児を救済しようというのであります。これを我が邦の例に取って見ますれば、浅草の玉乗りであるとか、軽業《かるわざ》などをして居る少年、或いは角兵衛獅子《かくべえじし》などに使われて居る少年等はこの問題の中で取り扱わねばならぬことと思います。これもまた後に詳しく申し述べる機会があろうと思います。次に感化教育を狭義に解釈すれば、

一、遺棄《いき》の状態に在る者。

二、不良行為の状態に在る者。

三、犯罪行為の状態に在る者。

総《すべ》てこれらは不幸なる未丁年者にして国家および個人の教養を受くべきものであります。

感化教育を広き意味に解釈すれば、前述ぶる如く際限もないことでありますが、これを狭く解釈すると、一言で救児事業という範囲につづまるのである。遺棄の状態に在る少年はどういうものかというと、親権者が養わねばならぬのに己れの放埒《ほうらつ》に依り、もしくは勤労の欠乏に依り、もしくは良き職業を有して居らぬことに依り、その他各種の原因によりて子供を養育せないのである。そうして中には妻子を遺てて逃亡する者もある。また悪い事をして監獄に這入りたるが為に妻子が飢餓の状態に陥って居るのもある。或いは天災地変に因って扶養義務者を失ったというが如きその他にも色々あるが、遺棄されたる子供は悉《ことごと》く悪い事をして居る子供ばかりであるという事ではない。東京養育院の類別法によれば貧児、孤児、棄児、遺児という如きものであるが、斯かる小児は皆委棄《いき》の状態にあるものである。不良行為の状態に在る者とは謂《いわ》ゆる不良少年であります。犯罪行為の状態にある者とは未丁年犯罪者であります。未丁年者ではあるが、刑法の範囲に触れて居る者である。この感化教育なる定義を広狭両義に別けて見ると如上《じょじょう》述べたるが如くなるのであります。

故に感化教育と普通教育との差別は、

普通教育は無垢純然たる児童を教育することにて、感化教育とは堕落し悪化したる幼年および未丁年者を国家もしくは私人の手に依りて教養感化するのである。

まずこれで感化教育なる定義は略《ほ》ぼ尽くして居ると思いますから、広義狭義の感化教育を受くべき者の概数を挙げれば、およそ左の如くなる。

一、在監者	五万人
二、恤救《じゅっきゅう》規則に依れる窮民	二万人
三、芸娼妓酌婦	二十万人
四、公私の工場内に在る十四歳未満の男女	三万五千人
五、感化法の制裁を受くべき者	五万二千人

六、幼年および未成年犯罪者　二万二千三十五人
合　計　三拾七万九千三十五人

右の統計は勿論その数だけであって公の調査に依るものであるが、実際はなおこれ以上あるのであります。また各国に於ける概数を挙げて見ると、米国シカゴの慈善事業の大家である博士H・H・ハート［Hastings Hornell Hart］氏の調査に拠ると、米国の不良少年および犯罪者の数は、

一、公私の保護を受けて居る者　およそ七万四千人
二、感化院に在る者　一万五千人
三、犯罪者　約　九万人

この感化院に在る者の数は、最近著わされたるペインター［Franklin Verzelius Newton Painter］氏の『教育沿革史』に拠れば二万二千人とある。私の考えでは公私の保護を受け

て居る者の七万四千人というは少ないようであると思う。アメリカの救貧院へ行って見るとその収容されて居る半数以上はアメリカ以外の外国人である。外国人の家庭の有様は随分甚しいものである。今日アメリカの各都市に於いて盛んになって居る問題は「児童倶楽部」である。大都会には必ず幾多の児童倶楽部があって、夜間児童を集めて教育して居る。この倶楽部内不良少年の如きものが大分あると思うから、感化院に居る者の数が少ないのはかような訳があるからである。

次に英国に就いて見ると左の通りである。

一、感化学校《リフォーメートリー・スクール》　四十四箇所
二、実業学校《インダストリアル・スクール》　百三十三箇所
三、船舶学校《ツレーニング・シップ》　十一箇所
四、警惰学校《ツルーアント・スクール》　十五箇所
五、昼間実業学校《デー・インダストリアル・スクール》　二十一箇所
六、認可児童寄宿所　二十四箇所

合　計　　　　　　　二百四十八箇所

英国は感化事業を以て鳴って居るだけあって、右の如く学校の種類およびその数が甚だ多いのである。この感化学校には十四歳以上十六歳未満の犯罪者を収容し、実業学校は十四歳以下の不良少年を収容するのである。船舶学校はどういうものであるかというと、昔ネルソン［Horatio Nelson］将軍などが戦いに用いた軍艦を貰《もら》って、テムズ河口やその他の河口に浮かべて児童を収容して居る。この学校では海員を養成するのであって、児童の多きは三百名も収容して居る。中には水兵になる者もある。この学校の出身者でトランスバールの戦いで勲章を賜《たまわ》った者もあるのである。これは日本でも近来淡路国由良港に一箇所出来て居るが、英国ではこの船舶学校が盛んに行われて居るのである。また警惰学校は怠惰の児童で学校に行くことを多く欠席する者を特に法律で強制して収容するので、これは英米共に「ツルーアント・スクール」或いは「ペアレンタル・スクール」というて盛んに行われて居るのである。昼間実業学校は昼間だけ収容して置くので総て感化院と同一である。これは何故に昼間だけ収容するかというと、児童の教育は家庭の力が大切である。幾分悪い家庭でも趣味の少ない完全した感化院よりは教育上宜しいというので、昼間は感化院に収容して学用品や食物等を支給して夜間は母親の傍に寝かすので、これが教育上甚だ必要であるという理想から、なるべく児童を家庭から離さないで不良児童を改良しようというのである。また認可児童寄宿所というのは単に家庭《ホーム》というて居って、少なきは四、五人、多きは百名を預って世話をして居る特志家《とくしか》の事業である。ロンドンのみを以てするも、この如きものが三百箇所もある。この二十四箇所の寄宿所は三百の内で最も成績のよいというので政府から補助を受けて居るものの数である。

次にこれらの感化院の内に居る生徒の数はどうであるかというに左の如くである。

一、感化学校	四千六百十二人
二、実業学校	一万六千九百五十三人
三、船舶学校	二千三百三十九人
四、警惰学校	千二百三十四人
五、昼間実業学校	三千五十七人

六、認可児童寄宿所　　不詳
合　計　　二万八千百九十五人

英国の総ての感化院に在る者の数は以上の如くであるが、篤志家《とくしか》等の預って居る者を合わせると全体では非常な数に上ると思う。

そこで諸君に御注意を請いたいというのは、英国の監獄には在監者が一万二千人くらいしか居ないで、感化院には約三万人も居る。而して在監人の数が段々減って感化院生徒の数が殖《ふ》えて居ることである。今一つ御注意を願いたいのは、右の統計は最近の調査に係るものであるが、十年間の比較をすると感化院に這入る者の数が段々減じて実業学校に這入る者の数が非常に多くなって居ることである。これは面白い一現象である。一方では感化院生徒の数が殖えると在監人の数が減じ、また感化院の中でも比較的悪い児童の行く感化学校の生徒数は減じて、より悪くない実業学校の児童数が殖えて居ることである。これは積極的仕事をすれば消極的仕事の数が減ずるという社会的にして教訓的なる事実を現わして居るのである。

仏国の感化院は如何なるものであるかというに、これを大別すれば、

一、普通の感化院

二、刑罰的感化院

の二種に区別することが出来る。普通の感化院は英国の所謂実業学校、刑罰的感化院は感化学校に該《あた》るのであって、十四歳以上の者が送られる所である。そうして感化院の総数は六十箇であるが、その内私立のもの四十七箇、公立のもの十三箇である。私立感化院に収容して居る数は四千九十四人、公立感化院に収容して居る数は三千九百七十七人、合計八千七十一人である。自分が欧米各国の感化院を視察した所では英国が一番完備して居ると思う。なかんずくスコットランドのが最もよいように思われる。その次は米国で、米国は各州おのおのその組織方法を異にして居るが、中にはヨーロッパにもないような感化院がある。米国の感化事業は概していうとなかなかよいのである。で、まず順序を言えば第一、英国。第二、米国。第三、ドイツ。第四、仏国であろう。

次にドイツは感化院が公私立合わせて百八十三箇ある。その内官立五、公立十五、私立百六十三という数であって、生徒の総数は七千五百人、内公立感化院に在る者千五百人、私立もしくは家庭に委託してある者六千人である。ドイツで良い感化院は私立にあるように思う。感化院の歴史に付いては追々述べるがハンブルクの近くに「ラウェス・ハウス」というのがある。これは家族的感化院の嚆矢《こうし》であってなかなか有名であるが、現今に至りてはさほど良いとは思われないのである。感化の定義および総論はこれで終して、次には沿革のことを述べよう。

第一章　感化事業の沿革ならびに現況

感化院は監獄の分派なり▽昔時に於ける監獄の内容▽感化事業とその歴史の大要▽デーメッツの格言▽自然と感化――および院内に於ける農事思想▽物質界に於ける農業、精神界に於ける宗教▽スイス農業監獄▽農業の三大利益▽慈善事業と特志者の尽瘁▽慈善事業者はしばらく忍耐なるを要す▽公立最初の感化院および感化法の発展▽不良少年を処遇する観念の変遷▽予防事業としての感化事業▽我が国の感化事業とその管轄官庁▽現行感化法の特色▽徳川時代と不良少年▽不良少年御仕置例▽不良少年と非人手下▽永尋および久離、義絶▽社会の制裁と五人組制度▽明治五年の監獄則ならびに懲治制度▽懲治制度の変遷▽感化院の名称▽家庭学校名称の由来▽教育は人格を尊まざるべからず▽巣鴨癲狂院と東京孤児院との改称▽世界に於ける三模範感化院――「エルマイラ」感化監獄、「ボルスタル」感化院、および「少年自治団」。

感化事業と監獄事業との関係の密接して居ることあたかも親類の如きである。寧《むし》ろいずれかというと、感化事業は監獄の分家である。

感化事業は元監獄なる本家の厄介になって居ったのである。今より百年前の監獄は刑事被告人も既決囚も女も男も子供も大人も皆同一の監獄へ収容したのみならず、瘋癲《ふうてん》白痴までも一緒に置いたのである。社会の人間の屑は悉く監獄に入れたのである。然るに監獄事業が段々進んで来るに付いて、以上述べたる雑種の者を一緒に収容することはいかぬということに気が付いて、癲狂者《てんきょうしゃ》は監獄から分家させて別に癲狂病院というものを造った。感化院は勿論労役監も皆監獄から分家したのである。それで感化事業のやや組織的に行われるようになったのは千五百五十二年にロンドンに設立されたものを以て最も古きものと為すのである。その千五百九十二年にロンドンに設立されたのは「ブライトウェル」という王宮が廃されたに付いて、それを貰って不良少年を収容して見たいという者があって始めて感化院が出来たのである。次に千五百五十八年にドイツの自由都市ニュルンベルクに授産院を設けて醜業婦、浮浪および乞丐《かたい》の少年者を収容した。その次に起こったのは千七百三年にイタリアにクレメンス第十一世［Clemens XI］が感化監獄を設立した。それは非常に有名なものであって、こういうことがある。

「法皇クレメンス第十一世、不良少年改良教育の目的を立て、ここに感化監獄を起こす。犯罪者にして、もし根絶せざるときはその国家に禍すること尠《すくな》からずといえども、一度《ひとたび》適当の教訓および職業を授くるに於いては国家に益あるの民となるべし」。

こういう額を掲げてその下で少年をして仕事を為さしめて居ったのである。またもう一つこういう金言がその感化監獄の内に掲げてある。

「犯罪人は教育に依りて改良せらるるにあらざるよりは、たとい何等の刑罰手段を講じてこれを懲罰するも十分の効果なかるべし」。

これ今より三百年前、あたかも徳川家康が天下を取った時にイタリアに於いては斯かる卓抜なる見識を以てクレメンス第十一世が不良少年の感化事業に尽力したのは実に面白い事業である。二十世紀の今日最も進歩したる監獄制度といえども、やはりこれに模倣したるに過ぎないのである。その次は千七百八十八年に監獄改良の開山ジョン・ハワード［John

Howard」が監獄改良の補助機関として「博愛協会」なるものを設立した。この「博愛協会」なるものは即ち不良少年改良の目的を以て設立したのである。次に起こったのは千八百十五年英京ロンドンに設立されたる「監獄の改善、不良少年改良協会」なるものであった。このジョン・ハワードの監獄改良に伴って起こった「博愛協会」なるものは歴史上有名なものである。何故にこの如きものが起こったかというと、監獄改良を熱心にやって見ると不良少年の改良に思い当たらなければならぬのである。私が感化事業に従事するようになったのも、やはり監獄事業に関係して空知集治監に教誨《きょうかい》し、およそ二千人の罪囚中三百人ほどに就いて親しく研究して見ると、大抵は十歳前後に於いて不良行為を現して居るのである。この事業に気が付いて、監獄を改良するにはどうしても不良少年を感化せねばならぬという考えを起こしたのである。ジョン・ハワードの監獄改良に伴うて起こった、この「博愛協会」は感化事業に家族制度を採用した恐らくは最古のものであろう。如何にして家族制度を組織したかというに、一家族に一、二人を置いて仕事を農業に執ったのである。それからずっと降って千八百十五年に「監獄改善および不良少年改良協会」の起こったのも、やはり監獄改良を熱心にやって見ると、感化事業をやらなくてはその目的を充分に達することが出来ないというのである。当時ロンドンで一箇年に八千人以上の少年が悪事を為して監獄へ送られて、監獄でまた悪事を練習して社会に出るの事実を知り得るので、不良少年改良の問題が盛んに起こったのである。次に千八百二十四年に米国ニューヨーク市外西部に当たって「ハウス・オブ・レフュージ」という感化院が設立された。この感化院より以前に出来たものは皆私立のものであったが、公立として出来たのはこれを以て嚆矢とするのである。この感化院は現に今日もなお存在して居るが、今より八十年以前には世界に於ける模範感化院であったのである。

ドイツの模範感化院「ラウェス・ハウス」は千八百三十三年に設立されたが、この時代は我が文化文政の頃で、あたかも白河楽翁公《しらかわらくおうこう》が天下の政治を執られ、楽翁公の退職後は水野出羽守が老中の時で二宮尊徳翁が活動しかけた時代である。その時にドイツ・ハンブルク市に近きホルンという村に「ラウェス・ハウス」が設立されたのであるが、これはどうして出来たかというと、その創立者であるドクトル・ヴィッヘルン［Johann Hinrich Wichern］は神学校を卒業して宗教の布教に従事しようというので牧師の候補生としてハンブルクの市中で貧民伝道をして居った。当時有名なるハンブルクの大火災が起こって貧民窟が焼けて細民が衣食に困って居るので、慈善家が打ち寄りて義捐金《ぎえんきん》を集め、これを以て彼等を救おうというので大いに尽力した。これらの関係よりして貧民の状態を詳細に調べて見ると、その中には多くの不良少年が居ることを発見した。そこで貧民の不良子弟を救済したいというので、種々と相談をして見たが、当時の宗教界は普通の伝道すら出来ない折柄《おりから》であるから、不良少年のことまでは手が届かないというて誰も頓着しないので、ヴィッヘルンはその母親に相談して見た所が、それは誠に良い思い付きであるから自分が世話をするからというので、初めて三人の少年を貧民窟から連れて帰って「ラウェス・ハウス」という感化院を設けたのである。この「ラウェス・ハウス」という名称に付いては初め「ラウェス」という植木屋の所有なる土地を借りて感化院を始めたからその名称を襲用したのであるという説もあり、また「ラウェス」という意味は最初三人の少年を収容した家はほんの茅屋《ぼうおく》であったからこの名称を付したという説もあるが、茅屋で始めたという説が正鵠《せいこく》を得て居るように思われる。それは今この感化院を訪問する人は必ず最初三人の少年を収容した茅屋の存するを見るであろう。この茅屋の感化院でヴィッヘルン親子が献身的働きをなしたることによりて、今日世界に於ける模範感化院として残るようになったのである。私は数年前この感化院に滞留して研究したが、私の視察せし少し前まではヴィッヘルンの子息が院長をやって居ったが、身体が虚弱なので転地療養に行き、その代わりに他の人が院長となって居った。しかしヴィッヘルンの娘さんが最早六十五、六歳にもなるであろう、若い時から結婚もしないで事業の為に献身してこの院の音楽を受け持って居る。この人が非常に英語に巧みであるから、私と心安くなって種々親切に世話してくれた。だから私は書物で得られない知識をこの人によりて得たのである。

それから約六年を経て千八百三十九年にフランスにまた有名な感化院が出来た。これはパリから南に約五時間汽車で行くくらいの所にメットレーという所がある。ここに「メットレー」感化院が設立されたのである。この感化院はデーメッツ［Frédéric-Auguste Demetz］の創設で、この人はパリの中央裁判所の判事で、しかも学識深く人格も高く、春秋にも富んだる役人であったが、毎日裁判所で刑の宣告をする犯罪人中に少年が沢山あった。法律では彼等を悉く監獄へ送らなければならぬ。しかしこういう少年を監獄へ送っては却って悪化するの恐れがあるとは思うたが、法律上仕方がないので残念に思って居った。それから或る時、感ずる所があって、知友の止むるをも顧《かえり》みずその栄職を抛《なげう》って「メットレー」感化院なるものを設立したのである。それから万難を排してこの事業に身を委ね、今日の盛を致すようになったのである。何分今より六十九年ほど前のことであるから、交通機関といったら不完全であるから容易に世界の知識に触れることが出来ない。献身はしたものの、如何様にすれば能く不良少年を感化することが出来るか分からないので、まず以てヨーロッパ大陸の旅行を始めたのである。そうしてドイツへ行って今の「ラウェス・ハウス」の在ることを知り、喜び勇んで訪ねて見ると、院は既に設立後六、七年を経過して多少の実験も出来て居り、且つ院長ヴィッヘルンの人格は高く、理想には富んで居るので大いに感佩《かんぱい》して、帰って来て「ラウェス・ハウス」の主義方法に倣ってメットレーに農業感化院を設立したのであります。この院は農業を以て重《おも》なる事業となすから、デーメッツは自ら警句を作りてその主義を言明した。それは「土地は人を化し、人は土地を化す」という有名なる金言である。ていう心は不良少年を以て荒蕪地を開拓すれば、土地は開けて有用となる。而して不良子弟が土地に関係して仕事をすれば、仕事そのものが人間を改良してくれるから、土地を以て荒廃して居る人間を善化して行くのである。実に面白い金言ではあるまいか。これは管理法の所で述べるのが順序であるが、この機会に少しく述べよう。感化院の仕事の中では農業が最もよい。しかし都会に感化院を建てるときは土地が少ないから農業をやることは困難である。近来いずれの学校にも学校園を設けることが行われるようになって、学校の構内に花園や菜園を設けて居るが、その理想はやはり「土地は人を化し、人は土地を化す」ということに基づくので、なるだけ多く児童をして天然に接触せしめようというのである。宗教と農業とはやや同じ作用を為すものと思う。宗教は人間の荒廃した心を開拓する使命を有して居り、農業は荒廃して居る土地を開拓して穀物野菜を作る使命を有して居る。宗教と農業とは、その範囲、精神界と物質界との相違はあるが能く似て居るのである。二宮尊徳翁の言葉に「農業は不浄の物を化して清浄の物と為すものなり」とあるが、今日孤児院でも感化院でも総て農業を以て主要の仕事となすようになったのは、かかる理由からである。浮浪徒を化して有用の人間に仕做すにもまた、この主義を以てするのである。捨て場に困る不浄の人糞なり塵芥《じんかい》などを土中に入るれば、米麦野菜の肥料となって、それがまた人間を養う食物となる。そういう風に、啻だに農業は人心の感化を助くるのみならず、これを慈善院に採用すれば、経済の上の補益ともなる。スイス首府のベルンから約十七マイルほど汽車で行くと独立自営の監獄がある。それは如何にして独立自営にやって行けるかというと、農業をやって居るからである。スイスは御承知の通り高い山国で湖水が沢山ある。この監獄の広き農園は湖水の水を乾燥して造り上げたる耕作地で、あたかも私が視察した時には砂糖製造の原料に用ゆる大根《ビーツ》を作って居ったが、そこで作った野菜の多くはベルン府へ持ち出して売るのである。また牛や豚を幾百頭も飼育して盛んに牧畜をやって居る。それで政府は少しも監獄費を支出せないで済むのである。たといこれほどの経営が出来ないにしても、農業を慈善院の重《おも》なる事業とすれば経費の大部分を補うことが出来る。しかのみならず、精神訓育の上には多大の補益がある。農業をやることになれば、従って身体を強健にすることが出来る。この経済、健康、道徳の三つは院生をして農業をやらせることによりて得らるるのである。実に農業の慈善事業の上に及ぼす影響は多大なるものである。

次に千八百四十九年に英国に一の模範感化院が出来た。それはロンドンから汽車で二時間ばかり行った所に在る「レッド・ヒル」模範感化院である。この感化院は彼の有名なる大政治家グラッドストン［William Gladstone］が大いに尽力されたのである。しかもグラッドストンは私費を抛って、当時有名なりし慈善家、宗教家であったターナー［Sydney Turner］という人を撰抜してフランスの「メットレー」感化院を視察せしめた。そうしてターナーは「メットレー」感化院を諮問《しもん》してデーメッツに会ってその実験を聴いて帰り、間もなく「レッド・ヒル」感化院を設立したのである。この「レッド・ヒル」というは赤い丘という意味で、その土色が赤いからそれに因《ちな》んで名づけたのである。この感化院は特志家《とくしか》の醵金《きよきん》に成る私立模範的感化院である。系統を質《ただ》さば、「メットレー」は「ラウェス・ハウス」を模範とし、「レッド・ヒル」は「メットレー」を模範として設立されたので、良き一事業が起こると後に至りて段々と幾多の良き事業が起こるので、その影響の及ぶこと限りのないほどである。

この如くにして世界の模範感化院は起こりたのであるが、ここに感化院の歴史を研究するときに記憶して置かなければならぬことは、単《ひと》り感化院のみならず、総て慈善事業の発達は政府が率先してやったものでないということである。いずれも皆その最初は宗教家および特志家が設立したのである。而して段々その事業をやって居る中に政府がその必要を認めてこれを補助し、また公設するようになるのである。何故にそうであるかというと、総て政府の事業は与論であるのであるから、与論が進歩しない以上は政府は如何なる良き事業でも与論に背いては出来ないのである。それで慈善事業でも教育事業でも宗教事業でも、皆国民が率先して行うものであって、政府が初めから与論に関せず行うことの出来ぬ仕事である。私が日本全国の各種の慈善事業を調査して熱心なる経営者に出会うと、その人々はどうも県庁も市も郡も我が事業に同情してくれないという苦情を並べるのである。それは勿論同情せないことは善くないことに相違ないが、しかしながら同情せないといって不平を言うべきでない。世間が同情せないから、お互いが進んでやって居るのである。それに同情せないといって不平をいうのは未だ熱心が足らないからである。天下の憂に先立って憂い、天下の楽に後《おく》れて楽しむというのが諸君の天職ではあるまいか。世間同情の厚薄にはいささかも頓着せないで、お互いに奮闘せねばならないのである。他人の賛成不賛成を眼中に置くようでは未だ真境に達して居ないのである。というのは世界の慈善事業は宗教家、特志家の善例に倣《なら》うて後政府が組織的に経営するに至ったのである。謂わば民間の特志家が善き種を蒔《ま》いたからである。今回の開設された講習会の如きも政府が率先してやったようなものであるが、能く考えて見ると諸君が熱心に慈善事業に永き間従事されたる結果、政府でもこれを冷淡に見て居っては相済まぬというので開かるるに至ったのである。つまり慈善事業や感化事業の発達の跡を尋ねて見ると皆そういう順序になって居るのである。

私立の感化院が感化事業の先駆をなしたるに相違ないが、段々秩序立って来ると公立や官立になるので、最も早く公立となったのは、前にもいえるが如くニューヨークの「ハウス・

オブ・レフュージ」（千八百二十四年）で、次に政府で感化法を発布して設けたのはフランスが先駆けて、それは即ち千八百五十年であった。次に千八百五十四年に英国でもまた感化法を発布した。この英国で感化法を発布してから約二十年も経つ間に感化事業は非常に発達して、欧洲各国では感化法を発布せぬ所はないというくらいになったのである。その最近のものを述ぶれば、ノルウェーは千八百九十六年に感化法を発布し、ドイツは千九百年に最も進歩したる形に於いて感化法を改正し、スウェーデンは千九百二年に感化法を改正したのである。

それで感化法の改正に付いて経過せし所を述ぶれば、前回にもいいしが如く、感化院は元監獄から分家したものであるから、どうも感化院を経営組織する者が感化院の生徒を犯罪人視するの傾がある。それが感化事業に非常なる妨害となるので、感化院に来る者は決して罪人ではないという観念を以て教養しなければ、決して善良なる人間を造ることは出来ないのである。どうも監獄から分家したものであるから本家の流義を汲むので困る。一例を挙ぐれば、ドイツの千九百年の改正感化法に依って見れば、最初の感化法は強制教育の意味を有って居ったのが、改正感化法には保護教育の意味に変化して居る。各種の不幸なる原因に依って不良少年になったのであるから、彼等は憎むべきでなく憐むべきである。そういう風に不良少年を見る時は、彼等を教育するに強制するなどという文字を用ゆることは穏かならぬのである。出来るだけ労《いたわ》ってやって国家有用の人物に育て上げねばならぬ。この精神が最近改正せらるる各国の感化法の中に見ゆるので、これは一大進歩であると思う。その如何に可憐であるかは不良少年の原因を研究して行く中に分かるのである。故に文明国の法律が段々と斯かる少年を罰せずして教え導くように仕組まるることは、諸君が御記憶になるの必要があると思う。

そこでこの感化事業を監獄学者が称して予防事業《プレベンチーブオウルフ》というのであるが、その予防事業とは如何なるものであるかというと、孤児、貧児、不良少年等を教養感化する事業、およびこれらに類似した事業などを総称していうのである。これを病気に譬えて見れば監獄は病院である。感化院は病院に対する衛生事業である。病気が重くなってから治療をしても、癒《なお》るには相違ないが、これを平素衛生を守りて病気をせないことに比較すると、経費が多く掛かってその治療は労して効の少ないのである。予防事業は病院に対する衛生事業であって、病気の起こらぬ前に衛生の設備をするのであるから、その効果は少なからざるものがある。諸君は感化院の歴史を研究されるときに御記憶であろうが、英国は監獄が減じて感化院が殖え、感化院の中でも比較的悪い者の這入る感化学校が減って、それよりやや良い者の這入る実業学校が殖えるので、そういう風に予防事業に骨を折って行けば病気になる者が少なく、終《しま》いには病院を建てる必要がなくなるかも知れない。それで予防事業が盛んになって行けば、監獄事業の目的は自ら達するようになるのである。

なおここに御参考に述べて置きたいのは、明治三十三年に我が感化法が発布され、而してその所管に付いてなかなか議論があったので、或る人は監獄局の支配の下に置きたいという者もあり、或る人は文部省へ置いたらどうであろうという者もあり、一時なかなかその所管問題につきては喧《かまびす》しかったのである。私の理想からいえば、感化教育は特殊教育であるから文部省の支配の下に置くのがよかろうと思うが、しかし文部省は事業も多し、今やるという訳にも行くまいから、これを内務省に属せしめた方がよかろうという考えであった。然るに、当局者見る所ありて内務省地方局所管となしたることは、誠に幸なることであった。元来いうと、これは貧民教育、盲唖教育、低能児教育と同様に文部省の特殊教育中に加えたらよかろうと思うが、何十年後にその理想が達せらるるのであるか分からない。とにかく感化教育は犯罪者を取り扱うという考えでやってはならぬ。徹頭徹尾教育主義でやらねばならぬ。その理想は諸君が川越なり熊谷なりの分監を御覧になってもまだ、小田原の幼年監を御覧になっても現れて居るので、近頃司法省で幼年犯罪者を取り扱う理想が如何に変遷しつつあるかはこれを見ても分かるのである。また今回の改正せられた感化法の精神を見ても、全くその根底が刑罰的でのうて教育的であるということが分かる。この事は感化事業の変遷を述べるときに詳しく論ずるつもりであるが、今回の改正感化法では裁判所を経ずして感化院に収容することになって居る。これに付いては種々議論もあったが、現地方局長が非常に熱心を以て議会で説明されたのである。この点が今回の改正では大切なる所である。然るに法律家は不良少年を裁判所を経ずして捕えたり拘留することは出来ない。地方長官の許にある警察はそういう権能はないと主張して居る。これはその結果を見なければその説の良否は分からないが、今日世界中で裁判所を経ずして不良少年を収容するのはほとんど日本のみであろうと思う。

次に我が邦に於ける感化事業の変遷に付いてその大要を述ぶれば、徳川時代に於いては不良少年を如何に取り扱ったかというと、その詳細のことは分からないが、徳川時代に於いては成文律ではなかったのである。十五歳以下の幼年者と七十歳以上の老人とは、如何なる悪事を為すも特別法を以て取り扱ったらしいのである。徳川百箇条なる法律はあるが、それにはこれらの取り扱いに付いてはかいてないのである。十五歳以下の幼年者が悪事をしたらば、とにかくもこれを減軽して罰したのである。責任と年齢の関係が各国の法律に認められてあるが、改正刑法でも十四歳以下の少年は如何なる罪を犯しても犯罪者とはならないので、彼等は刑法の範囲を脱して感化法の許に来るのである。いわば責任と年齢上との関係を明らかにしたので、昔の徳川の不成文律の刑法でもやはりこの責任と年齢の関係を認識したものと見えて、十五歳以下と七十歳以上は減軽することになって居ったのである。それで寛保年間の法律にこういうことがある。

一、十五歳以下の者御仕置の事

一、十五歳まで親類へ預け置く

一、子心にて弁《わきま》えなく人を殺し候者……遠島

一、子心にて弁えなく火を付け候者……遠島

一、盗致し候者……大人の御仕置より一等軽く申し付くべし

追加寛保二年極

一、十五歳以下の無宿者途中その外にて小盗致し候に於いては……非人手下《ひにんてか》

その例証として左の事実が引用されてある。

（十五歳以下の無宿小盗いたし候もの例）無　宿

戌十月十日入牢　加　七

右加七儀亀戸町源右衛門忰ニ而有之候処当八月出水ニ付助船ニ乗リ江戸エ参候得其源右衛門儀ハ継父ニ而常々当リ悪敷御座候ニ付宿エハ不帰巾着切仲間エ入両国橋辺ニ而腰銭等盗取由候右之通当リ悪敷トテ親源右衛門方エハ不帰無宿ニ成リ盗仕候段不届ニ御座候間敲キ御仕置ニモ可罷成候得共幼年者ニ付非人手下ニ申付ル

この非人手下というのは、穢多頭の団左衛門《だんざえもん》という者があって、その配下に渡して全く人

間を一等下してしまうのである。これは不成文律であるが、重罪になると成文律で極めるのである。人を殺した者、放火した者は遠島、十五歳以下で人を殺し火を放てば弁別なくしてやったというので、十五歳になるまで親族に預けて置いて十五歳になって本刑を科すのであるが、丁年以上なれば勿論死罪である。その減等せらるる所以のものは子心でやったのであるからというので一等を減じて遠島を申し付ける。それから無宿者で親族に預けることの出来ない者は人間を一等下して穢多非人にしたのである。そうしてそれが穢多非人の中に這入ってどうなるかというと、穢多非人の方でこれに仕事を命ずる。その仲間でまた悪い事をすると殺してしまってもお咎めはないのである。そういう風に穢多非人仲間で彼等を取り締まる制裁があったのでこういう例もある。

文久二戌年二月十六日

隠売女一件申渡

新肴場三郎兵衛請負地

又吉店

卯之助後家
かつ娘
ゆう
十四歳
外十三人

其方共儀隠売女は勿論右に紛敷渡世致間敷旨厳敷町触之趣乍弁親兄弟其他義理合有之もの其等困窮および取締のために候迚奉公人口入渡世のもの共へ手引相頼月縛りと唱壱ケ月又は二ケ月限之極に而名住所も不突留もの共之囲妾目見出右先々又は宅へ呼寄金子貰受密曾および候段身売稼いたし候も同様之儀ゆうは未だ幼年に候へ共右始末不埒に付一同手鎖（五十日）申付る。

こういう風にして親類のある者ならば十五歳まで親類に預けて置く。そうすると大抵は親族で逃してしまうのである。そうして逃げたということを届け出ると、探し出せということになる。そこで三十日の期間を貰ってこの間に探し出しますというが、元々探さない考えであるから出はしない。それからまた三十日の延期をして貰ってまた出ませぬというて届け出る。そうして六十日経っても出ませぬとなると今度は「永探ね」ということになってそれで済んでしまうのである。そういう風にして居ったのである。それから同時に社会の制裁としては如何なることがあったかというと、久離義絶ということがあった。この久離というのは坊間《ぼうかん》に謂ゆる勘当のことで、目上の人より目下にすることである。義絶というのは朋輩同士で悪い事をした者に絶交するのである。この制裁が徳川時代には非常に強かったのである。そうしてまた一方には彼の五人組制度があって、不健全にして且つ危険なる人間を取り締まることが出来たのであるから、比較的法律は不完全でも社会の制裁が厳重であったから自然悪い事が出来なかったのである。然るに世の進歩に伴うて今日では法律は精《くわ》しくなって来たが、社会の制裁が弛《ゆる》んで来たから悪い事は昔よりは多く行われるのである。

十五歳以下の者は徳川時代に於いては以上申し述べたる如くにして取り締まったが、さて維新後になってそれがどういう風になったかというと、明治五年十一月二十九日に太政官三百八十九号布達を以て監獄則が出来て、その中に懲治監《ちょうじかん》のことが規定してある。その当時如何にこれら少年を所罰したかというと、監という文字を用いたくらいであるから、なかなか厳重の処分をしたのである。それからこの監獄則の改正が明治十四年にあった。それをまた今回改正されたのである。明治十四年の監獄則の第一条に「監獄を別って左の六種とす」として、その三に「懲治場は懲治人《ちようじにん》を懲《こら》す所とす」とある。それから三十三年に感化法が発布されて、懲治人は感化院の設備が出来たら皆それへ収容するとなって居る。その時にも感化院という文字は使いたくなかったのであるが、感化院という三字を入れなくては何か何にやら分からないから止むを得ず感化院となって、前の懲治場というよりそれでも大分軟らかになったのである。そうして感化法はその内容に至っても総て教育的になって来たのである。而して内務省は感化法が発布になると同時に各府県に向かってしばしば通牒を発して、今回感化院は地方税を以て設立しなければならぬようになったが、感化院というような名称はなるべくだけ避けるようにせねばならぬという通牒を発した。劈頭《へきとう》第一に神奈川県が感化法を施行して薫育院という名称を付した。それから秋田県は陶育院という名称を付け、埼玉県に出来たのは埼玉学園、大坂では修徳館と命名した。こういう風に名称を付することには注意したのであるが、内務省はその後数々通牒を発して、名称のことにつき尚も注意したのである。

これは余談に亘るが、今より十年前に私が家庭学校を設立しましたときに甚だ名称に困ったのである。実は唯だ家庭学校では学校の内容を表わすことは出来ないが、私の考えでは学校の内に家庭を作り、家庭の内に学校を作るという意味であるから、どうか良い名を付けたいと苦心したが、他に適当の名も思い当たらぬので遂に家庭学校と命名したのである。我が建てんとする学校にはなるべく不良少年が居ることを現わすような名称は付けないようにしたいと考えたのである。石井〔亮一〕君の滝乃川学園は初めは孤女を収容したのであるが、後に至りて白痴を収容するようになった。滝乃川学園といわば誰が居るのか分からないから宜しいのである。この名称の択《えら》び方は甚だ必要である。取り扱いの精神が変わって来ると名称が自ら変わって来る。これは人の子を教育するには極めて必要のことである。前の如くして私が家庭学校という名を付けたところが、当時或る人が女子を連れて来て、どうぞこの子を教育してくれと頼んだのである。その人の考えでは家庭学校というのであるから家事を教える所であると思って連れて来たのである。その時私は非常に喜んだ。我が学校の内容が名称で分からないような名を付けたことは誠に仕合わせであると。それから生徒を教育して見ると、不良少年でも決して不良少年と呼ばれることを好まない。当時陸軍中尉の人を頼んで兵式体操を教えた所が、その人は非常に乱暴の人で、生徒がいうことを聴かないと、この不良少年などと呼ぶので、生徒が同盟して教えを受けないと言い出した。それで遂に気の毒であったが断ったことがある。それから時々参観者の中に不注意の人があって、内部を参観しながら「なんと時にここの不良少年は」などという人があるが、これには実に閉口した。人は妙なもので、名称に依って感情を害するのであるから、孤児院などという名は早く廃《や》めて貰いたいと思うのである。孤児には一種の孤児根性というものがある。経営者が寄附を募るには孤児院という名称は極めて都合が好いが、教育上にはすこぶる困る名称である。ここに一つの面白い話がある。青山に東京孤児院というのがある。院長がかつて私の所へ来られて、どうも孤児院という名称では教育上困ることが数々あるから、何か良い名を付けて貰いたい。しかしそれに付いて困ったことは、今日まで東京孤児院で世間に通って来て居るのに今その名を変えられては万事に差し支えるからこのままに置いて貰いたいという人も評議員中には一、二にして足らないが、自分は断乎として孤児院の名称を変えたいから善い名を命名してくれということであった。それから私は育成院としたらよかろうというたら大層喜ばれて帰られたが、後で院では困るからというて、育成園とされた。この名称はすこぶる宜しいと思って居る。それから諸君はいずれ参観されるであろうが巣鴨病院である。あれが初めは巣鴨癲狂院とあったが、狂人でも自分を狂人とは思って居らぬ。故に今日では巣鴨病院と改正されたのである。今我が国には貧民を救助する為に恤救規則というものがある。これはいつか改正の時には是非名を改めねばならぬと思う。恤救というと全く憐憫の心を以て恵むというように聞き取れるから甚だ宜しくない。人間はおのおの己を尊敬する精神を有って居る。何故に人間が教育を受けて良くなるかというと、自己を尊貴する心があるからである。その心を滅却しては教育は出来るものではない。その理想からして総て慈善院の名称は良い形のものを択《えら》まなくてはならないのである。

以上は感化院の歴史および法律の変遷して来たことに付いて述べたのであるが、世界の感化事業中最も特色のある感化院三つを挙げて見よう。その一とその三は米国、その二は英国にある。

その一、「エルマイラ」感化監獄

その米国の第一はニューヨーク州エルマイラにある感化院で、普通感化監獄と訳して居る(Elmira Reformatory)。ここには十六歳以上三十歳以下の青年者を収容して居るのであるが、私が十数年前に米国へ行ったのは、全くこの感化院を研究する目的であった。ここにはその有名なるブロックウェー〔Zebulon Brockway〕という人が典獄で、恐らくこの感化院ほど教育的に出来て居るものはあるまいと思う。この感化院には何故に三十歳までの青年を収容するかというと、人間は如何なる悪事を為しても三十歳までは改悛《かいしゅん》する力を有って居るものであるという原則から割り出したのである。なるほどこれは我々が堕落した人間を研究して見るに、四十以上になって悪い事をした者はなかなか改悛しにくいのである。幼少の時に手や足の骨を折っても容易に接ぐことが出来るが、四十歳以上になると接げにくうなると同じで、三十歳以下の者は悪い事をしても改悛の余地があるという所から一種独特の感化院を設けたのであって、この感化院では刑期を定めないで良くなったら何時でも出すので、謂《いわ》ゆる不定刑期主義を以てやって居るのである。それから仮退院の制があって、二年間成績が良ければ仮退院を許すのである。普通の監獄では司法省なり内務省なりに上申して出すのであるが、ここではエルマイラの感化局というものがあって、ここで相談をして出院を許すので、出院してもやはり感化院長の監督の下にあるのであって、警察へ監視などは頼まないのである。それからここには三十五種類ばかり有益の仕事があり、教育も初等教育より師範学校程度まである。殊《こと》に身体を注意するので生徒を三階級に分かって階級を異にすることに依って食堂および食物を異にして居る。また浴場も普通の浴場と蒸風呂と游泳浴場《スウーミングバッス》の三種あり、体操場も米国で最も整頓して居る大学と同様の体操場があって、そこには今は故人となったがドクトル・ウェイ［Hamilton D. Wey］という医者で刑事人類学の泰斗《たいと》たる人が居って、その下にドイツ人で専門の体操教師を使い在院者の身体を訓練するのである。これは悪事を為す者は身体が崩れて居るという原則があるからである。諸君がもし監獄に行って観られたならば能く分かるが、精神の崩れる前既に身体が崩れるのである。冬期犯罪者が工場から監房へ帰る時に皆行列で帰るのであるが、それを見て居ると手足を縮めて一種妙な態度をして歩いて居る。それが「エルマイラ」感化院へ行って見ると兵式操練《へいしきそうれん》で鍛え上げてあるから、人に対して物を言うときでも、姿勢を正しく言うのである。それから日曜日には旧教または新教の僧侶教師がやって来て説教をなし、また教誨師《モーラル・インストラクツル》というものがあって実践道徳学の講義をするのである。

この感化院は「エルマイラ・リホメトリー」というのでこれを「エルマイラ」監獄と訳す人もあるが、実は監獄ではない。私はこれを感化監獄と訳して今日までこの訳字を用いて居るが、この訳字を造るには随分困ったのである。監獄というては語弊があり、感化院というては規律が厳重過ぎるので困って、遂に感化監獄という訳字を用いたのである。

その二、英国「ボルスタル」感化院

ところが今より三十年も前の感化院としてはあまり進歩し過ぎて居る感化事業の中で、この感化院ほど攻撃を受けたものは少なかろう。然るに六年前に私が英国へ行って見たら特別の委員が出来て「エルマイラ」感化監獄を調べて来て、この主義で「ボルスタル」少年感化監獄というものを造ったのである。丁度私がロンドンに滞在中同地の「デイリー・ニュース」という新聞が頻りにこの「ボルスタル」感化院のことを書いて居った。御承知の通り英国は非常に保守的の国であるが、英国ほど感化制度なり監獄制度なりが良い所は世界中に少なくなかろう。それでもなお犯罪人が減らないので新たにそういう感化院を設立したのであるが、その所へは十六歳から二十歳までの未丁年犯罪者を収容するのである。これは感化事業の発達上見逃すことの出来ないもので、この感化院の所在地は丁度ロンドンから二時間ほど汽車でし行くとボルスタルという所がある。ここに重罪監獄があるが、この監獄の一部を仕切って感化院にして居る。その成績が良いというので、今度ダートムーアという所へ同じ主義の感化院がまた一箇所出来た。私の帰朝する時にリンカンという所にもまた一箇所設けられつつあるということであったが、とにかく英国には今日「エルマイラ」式の感化監獄が三箇所出来たのである。

（「エルマイラ」感化監獄に就いては英人アレキサンダー・ウインター著『「エルマイラ」感化監獄』*Elmira Reformatory*. By Alexander Winter. *Punishment and Reformation*. By F. H. Wines.「ボルスタル」少年感化監獄に就いてはラッセル、リグビー共著『ザ・メーキング・オブ・ザ・クリミナル』*The Making of the Criminal*. By Russell and Rigby. に就いて看らるべし）

その三、米国「少年自治団」

それから今一つここに御紹介致そうと思うのは、近頃米国に出来た少年自治団のことである。これは「ジョージ・ジュニア・リパブリック」といって、ジョージ［William Reuben George］という人がニューヨーク州のフリービルという村に創立した私立の感化院である。この感化院へはどういう者が来るのかというと、ニューヨーク、ブルックリンのような大都会の不良少年、貧児、孤児等が来るので、院は約三百「エーカー」の土地を有して居る。この感化院では、第一、自治ということを教え、第二、勤労ということを教えるのである。この感化院は勤労を重んずるが故に院はこういう格言を造って勤労の大切なることを教えて居る。「勤労せざれば何物も無し」。〝Nothing Without Labour〟というのであるから、人がもし働かなんだ時には、名誉も、報酬も、愉快も、健康も、安楽も、財産も何にもないというのである。これと反対で、人が働くならば人間に必要なものは悉く与えらるるので、人世に尊貴なるものは勤労であることを言うたのである。二宮尊徳翁の歌に「天津日の恵みつみおく無尽蔵鍬《くわ》で掘り出せ鎌で苅り取れ」というのがあるが、この格言と能く似て居ると思う。そうしてこの感化院には院内に下宿屋も旅館も警察署も監獄も町村役場の如きものまでもあって、つまり小さい国家を形造って居るのである。そうしてここだけで通用する仮貨幣が拵《こしら》えてあって、能く働けば余計賃銀を与えるので、能く働けば従って労銀が多く貰えるから比較的善い生活が出来、働かないものは下等の生活をせねばならぬから、自ら働かねばならぬようになって居る。この院にて友達の物を盗むようなことがあったならば、院生の中に警察官があるから、たちまち院内の裁判所に引致《いんち》して取り調べ、事実そうであれば、やはり院内の監獄へ投ずるのである。警察官、裁判官、監獄官もやはり院生の善良なるものを撰抜して任命してあるのである。何故にそういう風にするかというと、お前方が悪い事をするから警察もあり監獄もあるのであるということを現実に教えるのである。それから第三には法律に服従すべきことを教え、第四には責任の重んずべきことを丁寧反覆して教えるのである。この四つの道徳約教育的主義が成文律となり、不成文律となってこの自治団を支配して居る大なる勢力である。この院は成績が極めて良いので、今他に二箇所ほどもこういう感化院が出来つつあるということである。

まずこれで第一編感化事業の沿革および現況の大要は終わることにしましょう。

第二編　不良行為ならびに犯罪の原因

第一章　自然的原因

(イ)　気候と行為との関係

人間と境遇▽文明を造成する五大勢力▽境遇と感化▽自由思想と山地との関係▽正直と山国との関係▽気候風土の体格に及ぼす影響▽英人の米国に移住したる実例▽地球の両極と文明の発達▽その実例▽生産物と共同組合▽勤労と事業▽暖気と徳義心との関係▽炎熱と生命犯罪▽殺人犯者とその統計▽温度と犯罪▽気候の激変と殺人罪▽犯罪と秘密結社▽社会制度と堕胎および嬰児圧殺▽南北欧洲と犯罪の差異▽山岳地方と殺人犯との関係▽人種と犯罪▽四季と犯罪▽夏季と生命犯▽冬季と財産刑▽気節に関する刑事統計▽社会制度と犯罪の防圧▽中世の「ギルド」および近世の産業組合▽インドの「カースト」制度と我が国の五人組制度▽社会制度としての報徳社▽社会制度と共同の精神▽社会制度と同情の感念

［注・留岡幸助はこの第二編で当時の「科学的な」犯罪人類学の理論を紹介している。例えばこの章ではウィリアム・ダグラス・モリソン［William Douglas Morrison］の『犯罪およびその原因論』（一八九一年出版、原題 *Crime and Its Causes*）および同書に紹介されている他の学者の説を中心に紹介がなされる。それらの理論は現在では否定されているものが多く、時として差別的であるが、資料的価値の高い記述としてここに収録する］

人類は境遇を支配してその境遇に打ち勝つことの出来るものである。しかしながら、またしばしば境遇の為に支配されて遂に境遇の奴隷になることがある。故に外界周囲の事情と人間の行為とはすこぶる密接なる関係があるのである。故に苟《いやし》くも社会改良なる広き意味の改善事業に従事して堕落した人間を救済せんとする者は、外界周囲の事情に注意することは極めて肝要のことである。歌に

振捨てて身はなきものと思えども雪のふる夜は寒くこそあれ

これは人間の行為と外界周囲とに関係のあることを言い現わして居るのである。人間は自

分一人では決して立てない。外界周囲の関係は間接直接に影響を為すということを教えて居ると思う。そこで人間の善となり悪となり正となり不正となるのは、主としてその原因はいずれに在るかということは、道義学の上に於いて、また社会学の上に於いて、また宗教学の上で最もむつかしい問題である。人間が善悪正不正の区別が出来るのは単に人間の精神が善い悪いというだけでは解決は出来ないのである。内に在る精神上のことと外界周囲の事情とか参差錯雑《しんしさくざつ》してここに善悪正不正を生じて来るのである。この問題に付いて我々最も有力なる光を与えてくれるのは刑事人類学者、監獄学者、社会学者等である。ウィリアム・ダクラス・モリソン［William Douglas Morrison］という人の書物は最も参考になるから重《おも》にその書物に例を取り、また他の例を斟酌《しんしゃく》して述べようと思う。この人は『犯罪およびその原因論』という有名な書物を書いて、その一章に於いてここに我々に十分の光を与えてくれて居るのである。それは「人類の存在はその外部の境遇に相関係すること極めて密なるものなり。故にその身体を変化せしむる上に於いて、また彼の社会的発達を遂げしむる上に於いて、またその品性を形造る上に於いて偉大の勢力を有するものは外界周囲の事情なり」とこういうて居る。一体外界周囲の事情とは如何なるものなるかを研究して見ると、およそ五つの大なる勢力が蟠《わだかま》って居るというのである。第一、気候。第二、湿気。第三、土地。第四、地面の形状。第五、産物の種類。これらに因って人類はおのおのその性格と事情とを異にするので、この五つが人間社会に於いて最も大なる関係を有し、また精神上に大関係を有するのである。例えば米国には発狂者が非常に多い。それは何故に多いかといえば、米国人は肉食を盛んにする為に神経を刺激すると見えて発狂者が多いのであるという説がある。それは唯だ一例であるが、総ての物質が人間の精神作用に至大の関係を及ぼすことは何人もこれを認識するのである。この五大勢力は文明を形造り、また異なりたる人種を起こすことに於いて、極めて密接なる関係を有するのである。彼の博物学者の生物は外界の変遷に依りて体格およびその機関を変化するの性能があるという。この現象を名づけて応化という。応化は外界周囲の事情に依りて起こるものである。例えば北海道へ行くと、ほとんど一年の半ばは雪中で暮らすのである。そうすると外界周囲の事情が白くなるから兎が全く白くなってしまう。それは何故かというと、彼がその生存を全うするには白くならぬと熊が出たり人が見出して撃つから造物主が白くするのである。雪が降りだすと白くなるのは即ち応化して行くのである。蟬はあたかも樹の皮と同じ色をして居る。あれはやはりその生存を全うする為に樹の皮と同じ色になるので、やはり蟬が応化して行くのである。スコットランドの学者でW・S・ブルース［William Stratton Bruce］という人が近頃書いた『基督《キリスト》教道義の社会的地位』という事物の中にこういうことをいうて居る。「高き山地に住む者と低き渓地に住む者とはその性格の発揮に於いて正反対を示すものなり。例えばウェールズまたはスコットランドの高き山地、スイスの北方に住む者は自ら勇悍《ゆうかん》にして征服し難き性格を有す。これと反対に低き渓地なるガンジス河、アマゾンの下流に住む者は柔弱にして能く征伏され易き性格を現わすものなり。ガンジス河の渓地、ベンガルの沃野に住む者は産物饒多《じょうた》にして生活に不自由なきが故に、自ら勤勉努力の精神を欠如すといえども、カシミール、アフガニスタンの山間に住む者は外界周囲の困難と闘うが故に勇悍にして勢力《エネルギー》に富みたる性格を現わすものなり」と。即ち高い山地に住んで居る者と低い渓地や河の時に住んで居る者とを比較して見ると、山地に住んで居る者は困難が多いから勇悍で征服することの出来ぬ性格を現わして居り、豊饒《ゆた》かで楽の為し易い所に住んで居る者は勇悍でないという。そうすると人を教育するには道徳上ばかりのことでは行くものでない。やはりこの外界周囲の事情が人間の性格上に大関係を有するのであるということは動かすことの出来ない真理である。それからこの人間の自由ということに付いて今日のように自由の権利ということは何所から起こったかというと、初めは山に住んで居る者から唱え出されたのである。例えばスイスはヨーロッパの一番高い所に在る国である。我が四国より小さい所である。その山の中から宗教の自由も、政治の自由も、社会の自由も出て来たのである。またやはり山国でスコットランドが人文の発達を遂げて、模範都市は申すに及ばず、凡ての模範がこの国から出て居るのである。スコットランドは宗教も慈善事業も文学も教育も非常に盛んであって、甚だ自由思想の発達して居る所である。どうも山に関係して居る所に自由の空気が旺盛《さか》んである。また山に住む者は非常にその性質が純良である。そういう風に考えて見ると、宗教および教育が人間の性格に大なる関係を有することは勿論であるが、それと同時に人間の住んで居る外界周囲の事情が人間の性格を形造る上に大なる勢力を有することもまた明らかである。カトルファージュ［Jean Louis Armand de Quatrefages de Bréau］という人の説に依ると、米国に移住したる英人は米国に移住することに依って著しくその体格に変化を来たしたというて居る。今日の米国は初め英国人が移住して出来たのであるが、我が徳川家康の天下を取られたときにはまだ英国人は米国へ行って居らぬので、今より約二百五、六十年前に移住したのである。それが今日の如くに発達したのであるが、今日の純粋なる米国人は以前英国人であった。大変体格が変わって居るのである。例えばその変化は皮膚、毛髪、首、頭脳に現われ、その下顎の如きはより大きくなって居るということである。また腕や脛《すね》の骨が長くなった。その証拠には今日の米人は英人とは異なった手袋を用いねばならぬというのである。これらは米国という新移住地に行って天然の有様の変わった境遇に住んで居るが為に、その体格も変わり、社会組織から政治組織まで違うのであるから精神上に変化を生じて居るのであって、この如く論じて見れば内外相応して精神作用に変化を生ずることは明らかである。

以上は外界の事情が人間の性格の上にまた文明を形造る上に著しく影響することを述べたが、地図を披《ひら》いて見て、何所に文明が発達して居るかというと、地球の北極と南極には決して発達はして居ないのである。また両極のみならず、赤道直下の如き非常に熱い所にも文明は完全に発達して居ないのである。例えば昔の歴史に文明を形造った所を調べて見るに、カンボジアや、メキシコというが如き南アメリカの非常に熱い所に遠き昔一時文明が発達したが、たちまち衰えて、遂にはその国は滅亡してしまったのである。しからば常に湿気を有する所は如何というに、その所にも文明は発達しない。しからば沙漠に文明を植え付けることが出来るかというに、なかなか困難である。それは何故に発達しないかというに、文明社会を組織するには樹木も必要であり動植物も必要である。然るに沙漠や地球の両極端では出来ないから、従ってここに文明は起こらないのである。またこれらの場所には文明の起こる前に精神的に活動して居る人間が出来ないのである。もし出来ても遂には滅亡してしまうので、これは歴史上に於ける明亮《めいりょう》なる事実である。そこで如何なる所に文明が出来るかというと地理上の所謂温帯に文明が出来るのである。それ故に歴史学者や地理学者はその温帯を文明帯と称して居る。この文明帯にはまず勢力ある人間が出来て産業が発達し、そうして人間の社会的生活を営むことが出来るのである。また精神作用に非常に及んで来るのはその生産物が出来ると売るとか買うとかいうことに付いて一人一個の力では出来ないから、そこで共同作用で信用組合が起こって来る。そうするとここに同情心が発達して来て、そこに完全なる道徳の発達を見るのである。そういう風に考えて見ると、この温帯の地方に文明が発達するという事実を発見することが出来るのである。故に人間の健全なる発達と道徳上の進歩とは天然の産物が饒多《おお》過ぎる所には発達しないのである。寧ろ努力すれば産物の起こるような場所柄に道徳心が発達して事業が盛んに起こるのである。一例を挙げれば英国は文明社会を形造るには不利益の地位にあるのであるが、今日の如き文明国になったのは全く彼国人の奮発《ふんぱつ》に因るのである。英国は毛織物を以て重要産物の一として居るが、その生活程度は我が邦の三、四倍高きにも拘《かかわ》らず、日本よりも安く「フロックコート」が出来る。それは何故かというと、牧畜が盛んである。その牧畜は如何にして起こしたかというと、一体英国の土地は牧畜には適しないのである。それを悪い土を他へ移し、良い土を入れ替えて牧草の生えるようにして牧畜を盛んにし、而して毛織物を産出したのである。斯くも毛織物の盛んに産出せらるるに至ったのは全く人の勤勉努力によるのである。今一つの例はスコットランドのグラスゴー市である。彼所を流れて居るクライドという河がある。その両側は今造船所になって居って一万トンの船が這入るのである。それが今より六十年前には三、四尺の小川であった。それを河口まで三十マイルも掘って大船の這入るようにしたのであるが、これは全くグラスゴー市民の勤勉努力の結果である。これを要するに文明は沙漠のような悪い土地では起こらぬが、また良過ぎる所でも起こらぬのである。

以上述べ来たりたるが如く、外界周囲の状況が人文の発達および人間の行為の上に及ぼす影響は実に偉大なるものである。この道理を以て推論するときは不良行為と犯罪行為もまたこの外界周囲の状況に制せらるるというは火を看るよりも明らかである。そこで今度は外界の勢力たる気候が如何に人間の精神上に影響を及ぼすかということにつき述べて見よう。ギリシアの学者ヒポクラテス〔ラテン文字転写 Hippocrates〕は気候の劇変する所には性急猛烈なる気風を造ると言い、また彼の有名なるモンテスキュー〔Charles-Louis de Montesquieu〕の説に依れば「南方に近づくに従い道徳は低く、従って人々は猛烈となるに至る。猛烈なるが故に人一度その犯罪を為すに至ればその犯罪もまた猛烈なるものなり。例えば他人の物を強奪し、或いは恐るべき強姦罪を犯すなり」というて居る。またフランスの統計学者ケトレー〔Lambert Adolphe Jacques Quételet〕は「南方に進むに従って生命犯多く、北方に近づくに従って財産刑増加するものなり」というて居る。またフランスのタルド〔Jean-Gabriel De Tarde〕は「温度の高き地方は感情犯多し」という。なおフランスに於ける刑事統計を調査した結論として「生命犯の多きは最も多く炎熱の季節に起こり、これに反して財産刑は冬季に多きものなり」というて居る。そこで気候と人間の不良行為との関係を見る為に試みに統計を挙ぐれば次の如くである。

殺人犯者の統計

国名	未決囚 人口十万に付き	既決囚 同上
イタリア	一五、四〇	一一、九八
オーストリア	四、〇一	二、九〇
フランス	二、七三	一、八七
ベルギー	三、〇二	二、三一
イギリス	一、六〇	〇、七六
アイルランド	三、三五	一、四〇
スコットランド	二、一一	〇、七四
スペイン	一一、九一	八、一六
オランダ	一、一〇	〇、八八
ハンガリー	—	五、七八
ドイツ	一、六一	一、三五

この中には嬰児《えいじ》圧殺と堕胎等も含んで居る。とにかくこの表に依って見ると如何に熱国の人が殺人罪を犯すことの多いかが分かると思う。然るにこういう論がある。ロシアは寒い国である。彼所に虚無党や無政府党のあるのは如何なる訳かというに、これには説明に苦しむのである。しかしこれはこういう風に説明が出来ると思う。なるほどロシアは気候は寒いが社会制度と政治組織がそういうものを起こすようになって居る。ロシアほど圧制政治を施いて居る所はない。警察にしても世界中の警察を調べた学者［?］の説に依ればロシアほど警察の悪いのはないというて居る。如何に熱い国でも社会組織が整うて来れば、気候より起こる犯罪を減少することが出来るのである。しかし大体から論ずると、気候および天然の勢力が人間の行為に大なる力を有って居るということである。

（ロ）温度と犯罪との関係

温度とは陽気のことで人の行為ならびに犯罪行為に関係すること極めて密接である。イタリア、スペインの温度は英国より高きこと平均十度である。ハンガリーは英国とやや同一であるが気候の劇変甚しき為め、人間行為に影響すること極めて密接である。ここを以て気候と犯罪の関係のみならず、気候の劇変はまた人間行為の上に大関係を有することを忘れてはならぬ。しからば即ち英国よりはハンガリーに於いて殺人罪の多きこと四倍、イタリアに於いて多きこと五倍なることも自から明らかである。或いは米国の大統領を殺害したとか、スペインの皇帝を暗殺した［?］とかいうことがあったが、それは大抵イタリア人である［?］。しかのみならずイタリアには殺人受負会社ともいうべきものがある。それは勿論秘密結社になって居るが、今度米国大統領を殺したいが何十万円または何万円を報酬するから頼むというと宜しいといって受け合うので、イタリアとイギリスとはその気風が全然違うのである。英国は非常に穏健なる性質の国で、文明が盛んになるに従って社会制度、および慈善事業が盛んに起こり、産業組合の如き制度である親誼組合の如きも発達して居る。イタリアには過激の人間が起こり易い。英国へ行くと社会事業が盛んに起こって居るから、苦情厄介引受所というようなものがある。死なねばならぬような者があれば、死ないでも済むようにしてやるといって広告して居る。イタリアに行くと殺人受負会社があるので、全くこの両国の性格が異なって居る。しかもイタリアではそういうものがあっても他国の如くに盛んに警察が検挙することが出来ないのである。それは何故かというに、人気というものは勢力あるもので、かかる危険なる制度に社会一般が賛成して居るので、警察も実は手を下しにくいのである。与論が幾分か賛成する気味があると、法律が如何に完全であっても裁判官が手心をするのである。こういう所は各国人の気質を研究する上に於いて、しかも犯罪や不良行為を研究する上に於いて、大なる参考となるのである。

如上温度と犯罪の関係に就いて述べ来たりたるが、この原則は世界いずれの国に往くも同じことである。アメリカ合衆国へ行って見ても南の方は非常に暑いので生命犯が多い。それが北の方へ行くと生命犯は少なくして財産に関する犯罪が多いのである。然るに同じ殺人犯にしても例えば堕胎とか嬰児圧殺の如き犯罪は気候の関係よりは寧ろその社会制度または風俗の如何に関係して居る。例えば我が邦でも東北地方に行くと非常に堕胎または嬰児圧殺が行われる。私はかつて岩手県の監獄を観た時に五十人ばかり女囚が居ったが、その内嬰児圧殺で入監して居る者が四十人ばかりもあった。どうしてそういう犯罪人が多いかと聞くと、この地方では昔からそういう習慣がある。岩手県は比較的貧困の所で、そういう犯罪が行われる。それを旧弊で認識して居って、法律で禁じてあるほどに悪いとは思って居らぬ。またこの近くでいうと千葉県の如きは同罪が非常に多く行われるが、それは気候が暑いとか寒いとかいうことで、そういう生命に関係する犯罪を為すというよりは風俗習慣の然らしむる所である。諸君は御承知と思うが、内務省の陳列場に［?］、白河楽翁公が白河の城主でありし時にこの嬰児圧殺を防ぐ方法として、彼の有名な時の画工［谷］文晁《ぶんちょう》をして、堕胎をして地獄へ落ちて苛責を受けて居る婦人の教訓画を描かしめて、それを以て僧侶［白雲］に頼んで説法して歩かせたということである。それから米沢にもそういう事が行われたと見えて、有名な彼の上杉鷹山公《うえすぎようざんこう》が三人以上子供を持って居る者には一人に付いて何んぼかの扶持を与えるという御触れを出された。それは一つは人口が稀薄になっては農村が衰えるという社会政策上からも来て居るが、一つは堕胎および嬰児圧殺の如き罪悪を知らずして犯して居るのは可愛相《かわいそう》であるというので、子女の多き貧困者に扶持を与えてこれを防がれたということである。故に同じ生命犯でも堕胎や嬰児圧殺は気候にあまり関係しないと思う。この二つは社会上の風俗習慣に関係するので取除になると思う。こういう犯罪の起こって来る時には今日の如き刑法はあまり役に立たぬのである。それは何故かというと、習慣でそういう事をして居るのであるから、それに重い刑罰を加えてもいかぬ。根本からやらなければならぬ。それに向かって重い刑罰を加えるのは残酷であると思う。例えば青森県には山林の盗伐が非常に沢山ある。それは先祖代々よりの習慣で少しも構わぬのである。それをやはり山林盗伐で罰することは酷であるから、それにには余程裁判官が手加減をしなければならぬ。その犯罪を防ごうというには小学校の先生がその為すべからざることを教え、また宗教家が説教をする時に誨《おし》えて根本的に防がなければ、刑法ばかりでは防ぐことは出来ない。故に刑罰は重くしなければならぬが、それを科する時に於いてはその地方の習慣風俗を考えて裁判官が手心をすることが必要である。

それで人間の脳髄を刺戟し胃腸を刺戟するが故に、熱い国では非常に生命犯の多いということに就いては反対論がある。これはドイツの学者でミシュレル〔Ernst Mischler〕の説に依ると、「南ヨーロッパの人が北ヨーロッパの人よりも生命犯の多い理由は、何も熱いから必ず生命犯を為すという原則があるのではない。南ヨーロッパの人と北ヨーロッパの人の違う訳は、南の方は文明が進歩して居り北の方は進んで居らぬから、文明の差異が殺伐の行為を現すのである」というて居る。しかしこれはそうでないと思う。なぜかというにアイルランドはイタリアより文明の程度は低い。然るにそこに殺伐の犯罪が少なくしてイタリアに多いのはどうかという論がある。故に文明が進まぬから殺伐の犯罪が多いというよりも、天然の気候なり温度が大いに関係して居るという方が至当と思う。また南の方で殺人犯の多いのは山国であるからそういう事をするという論がある。そうすればスコットランドやスイスの如きはヨーロッパで一番高い山国であるから殺伐の犯罪が多い筈であるが、事実はこれと全く反対である。却って山国でもイタリアの如き気候の熱い所は殺伐なる犯罪が沢山あるという事実がある。もう一つはスペインなりイタリアなりハンガリーなりは、他のヨーロッパと較《くら》べて経済上の状態が悪い。それで殺伐の犯罪が多いというが、なるほど財産犯は比較的多いが、貧乏が原因となって人を殺すということは甚だ少ない。故に経済的関係から殺伐の犯罪が南の方に行われるということも理屈が少ないと思う。そこで、気候なり温度が高い所ほど生命犯が多いということは、どうしてもこれは自然的原因に関係して居るという一つの事実として挙げることが出来ると思う。

（ハ）人種と犯罪

犯罪の多少は人種に関係するので、人種に依って非常に犯罪の多い所と少ない所とがある。その犯罪というのは重《おも》に生命犯に関係して居るので、ヨーロッパ大陸でハンガリーという国は文明の進んで居る国であるが、このハンガリー人種とフィンランド人種とは同じ蒙古人種である。しかしハンガリーとフィンランドの緯度は十五度から違って居る。フィンランドはスウェーデン、ノルウェーというスカンジナビアというヨーロッパのずっと北に寄った国に近いのである。このノルウェー、スウェーデンは「チュートン」人種である。ところが同じ北方に近いノルウェー、スウェーデンに居るフィンランド人はノルウェー、スウェーデン人よりも殺人罪に就いては二倍から多いのである。なぜ二倍から多いかというと、あまり緯度は違わぬが人種が違って居る。一方は蒙古人種で荒い。それで人種の相違に依ってフィンランド人の方がスウェーデン、ノルウェー人より二倍の殺人罪があるという訳になる。それからハンガリー国にやはり蒙古人とヨーロッパ人とが一緒に居る。その刑事統計を見ると蒙古人種の方が殺人犯が多いというのである。ところでハンガリーよりもフィンランド人の方が殺人罪が少ない。それはなぜ少ないかというと緯度が違う。フィンランドの方は寒くてハンガリーの方は熱いからという理由である。それからインドは非常に熱い国である。この国にまた二種の人種が居る。「アーリア」というてヨーロッパの方から移って来た人種と「アボリジニ」という二種類である。この両者を較べて見ると「アボリジニ」には「アーリア」人種よりも犯罪者が多い。そうすると同じ熱い国に居っても一方に多くして一方に少ないのは人種に関係して居る証拠である。それから同じ蒙古人種でもヨーロッパのずっと北に居る人種と同じ所に居るヨーロッパ人とを較べて見ると、やはり蒙古人に殺伐の犯罪が多いということである。そうすると人種が違えば犯罪に多少の差を生ずることになるのである。

（二）四季と犯罪

なお立証すれば四季と犯罪との関係である。イギリスの例を挙げると、イギリスの監獄の入監者は四季に依って体温表の如く線を引くことが出来る。イギリスの監獄は夏が終って温度が下ると犯罪者が減って来る。毎年十月から翌年二月末までは犯罪者がずっと減ってしまう。そうして三月から九月までは段々に殖えて居る。千八百八十四年の二月の初めには一万七千六百人あった。同年四月初めには一万八千四百人になった。同年七月初めには一万九千人になり、十月初めには一万九千二百人になった。それが十月から段々減って二月の末になるとずっと減って一万七千人くらいになる。これは今日でも一致して居るそうである。日本はこれと反対で、十一月初めから二月頃までに非常に殖えて来る。なぜイギリスと日本とこう違うかというと、これは私の説であるが、畢竟《ひつきよう》経済上の関係であると思う。イギリスに犯罪者の夏多いのは不健全なる社会の分子が冬を終えて救貧院から出て来る。そうして各地に散在して悪い事をする。それでイギリスには犯罪者が夏に多いのであるという論である。また或る人は同じ経済上の問題であるが、夏は仕事の種類が非常に多い。そこで下層の人民が金を儲けることが自由になって来るので、娯楽が下等であるから酒を飲む。その結果犯罪をするようになるというのであるが、これは正鵠を得たる説であるまいと思う。イギリスでは酒を飲んだ犯罪者に限って罰金で済むことになって居るから、酒を飲んで悪い事をして監獄に這入る者が殖えるという論はちょっと面白いが、イギリスの刑法ではそういう訳でない。そうなると養育院から出て来る者が多いから犯罪が殖える、また酒を飲む者が多いから犯罪が殖えるという論は立たぬ。何が原因してイギリスでは冬期に犯罪人が少なくして夏期に於いて多いかというと、夏になると皆外へ出る。外へ出ると人事の交渉が殖える。それからして自然犯罪を構成する。例えば風俗犯にしても、公園で悪い事をする者は夏である。斯の如く社会上の事実に因るという説を立てるのであるが、この方がよいかと思う。監獄で囚人が懲罰を受けるのもイギリスでは夏の方が多い。イギリスではこういう理由で夏期に於いて犯罪が多いのである。日本はなぜ冬期に犯罪が多いかというと、これは経済的原因に帰さなければならぬと思う。冬になると衣服も余計に着なければならず、焚木も余計に焚かなければならず、絶って経済上の問題から金の必要が多くなって来る。細民が多ければ従って犯罪人が多くなる結果を来たすのである。また自殺はいつ多いかというと、これもやはり東西同一で温暖炎熱の時期に多い。これは我が東京なる警視庁の犯罪、自殺および精神病の統計を見ても、春から夏にかけては非常に自殺者および他の生命犯者が多いのである。

気候と犯罪およびその種別

	四十年		三十九年		三十八年		三十七年		三十六年	
	生命ニ関スル犯罪	財産ニ関スル犯罪	生命ニ関スル犯罪	財産ニ関スル犯罪	生命ニ関スル犯罪	財産ニ関スル犯罪	生命ニ関スル犯罪	財産ニ関スル犯罪	生命ニ関スル犯罪	財産ニ関スル犯罪
一月	三	三、二六二	三	三、七一七	五	三、二九四	二	三、四三九	―	二、九七〇
二月	七	三、六五九	五	三、二六二	―	二、七八八	一	三、一四〇	一	二、八一六
三月	三	三、三五九	四	四、〇一九	五	二、九六〇	四	三、四三〇	二	三、二六六
四月	七	六、五六六	五	三、五九二	四	二、七六六	四	三、五六四	三	三、一四五
五月	七	三、二六九	三	三、四六一	三	二、八〇三	五	三、四八六	四	三、一六六
六月	八	二、九二〇	四	三、二三八	―	二、三二八	―	三、一三七	三	二、七七二
七月	八	三、三一八	五	三、三一八	三	二、六八四	五	二、八七四	二	二、八五五
八月	一三	二、九九二	七	三、一八四	三	二、七一一	二	三、〇一〇	四	二、九〇六

		九月	十月	十一月	十二月	計
四十年	生命ニ関スル犯罪	七	二	七	三	七五
	財産ニ関スル犯罪	三、二〇七	三、五六三	三、二五七	三、七一四	四〇、〇八六
三十九年	生命ニ関スル犯罪	三	二	二	三	四六
	財産ニ関スル犯罪	二、九五九	三、六五七	三、七七二	三、八〇一	四一、九八〇
三十八年	生命ニ関スル犯罪	二	―	三	三	三一
	財産ニ関スル犯罪	三、六一八	三、六一九	三、七二九	三、八七四	三七、一七四
三十七年	生命ニ関スル犯罪	四	一	五	一	三四
	財産ニ関スル犯罪	二、六九〇	三、一四〇	三、八二〇	三、四六七	三九、一九七
三十六年	生命ニ関スル犯罪	三	一	五	一	二九
	財産ニ関スル犯罪	二、七五一	三、一五四	三、二六二	三、七四二	三六、七九五

気候と自殺

		一月	二月	三月	四月	五月	六月	七月	八月
四十年	既遂	二四	三三	五一	四二	六四	四四	五九	五六
	未遂	一三	一二	二二	一七	二二	二三	二六	二三
三十九年	既遂	四一	二九	四九	四二	六四	四二	五四	五四
	未遂	一三	一三	一六	二〇	二五	一三	一九	一五
三十八年	既遂	三二	四〇	三七	四〇	五五	四二	四一	三四
	未遂	一五	一五	一九	二三	二一	一七	二二	一四
三十七年	既遂	二四	三四	五六	五八	四八	五八	三六	五八
	未遂	八	一三	一八	二〇	二三	四一	二二	一四
三十六年	既遂	三九	三二	四三	四一	六四	五四	五九	五五
	未遂	七	八	二二	一二	一八	二四	一〇	二一

		九月	十月	十一月	十二月	計
四十年	既遂	四三	四四	四一	三七	五一八
	未遂	二二	一五	一三	一三	二二一
三十九年	既遂	五五	二六	三六	三一	五二三
	未遂	一五	一二	一六	一五	一九二
三十八年	既遂	三〇	四二	三九	四三	四七五
	未遂	一一	一一	一五	一六	一九九
三十七年	既遂	三九	二四	三六	三〇	五〇一
	未遂	一七	一〇	九	一二	二〇七
三十六年	既遂	四六	三四	三八	三一	五三六
	未遂	一四	二〇	七	一一	一七四

気候と精神病

	一月	二月	三月	四月	五月	六月	七月	八月	九月
四十年	七五	六四	九二	九九	一二七	九〇	九一	六八	九三
三十九年	八八	七五	一〇八	一一二	一三〇	一〇六	一二二	一一六	九二
三十八年	七五	六四	八四	一一四	一六五	一二五	九九	一一六	九九
三十七年	八〇	六二	九二	六二	九四	七二	六七	九四	七五
三十六年	五四	四二	六九	六八	五九	九四	八〇	七七	九九

	四十年	三十九年	三十八年	三十七年	三十六年
十月	六七	七七	七九	五四	八七
十一月	六七	九六	一〇九	四九	八一
十二月	九四	九七	九五	四三	六四
計	一、〇二七	一、二一九	一、二二三	八四四	八七四

何故に温度が高ければ殺人罪が多いかということは種々と学者の書物を読んで見ても明瞭なる解釈はないが、一つここに学術的に面白いと思うのはモリソンの説で、夏期に生命犯や自殺者の多いのは腸胃に関係するという論である。気候が温くなると腸胃が悪くなる。すると交感神経で脳を侵して来る。そうして脳髄の作用を不規律にする。その為に気温の高い時に犯罪者が多くなるのであろうという論である。これは本当かと思う。これは私の経験にも符合する。私の部屋は六畳敷であるが朝日が当たる。その窓下に座って居ると脳が変になる。

そういう時分に他人が何かいうと怒りたくなる。頭が悪いので書物を読んでも面白くないから引っ込んで太陽の熱を避けると気分がよくなる。また奥の最も風通しのよい所へ行くと気分がすっかり直って、書物を読んでも面白く読める。これは炎熱から来る頭の関係であると思う。非常に穏健な麗わしい婦人が妊娠すると、甚しく乱暴になって平素為さない事をも敢えてするようになる。これはやはり脳に関係するに相違ない。マロー［Antonio Marro］という有名な学者の説に、イタリアの最も暑い月は五、六、七の三箇月である。その時が監獄内で獄則に背く者が最も多いという。またこれは明治三十八年大阪の新聞に出たので諸君も御記憶と思うが、名古屋の歩兵第六連隊行軍の時の出来事に就いて書いてある。それは兵士が行軍をして居ったところが、非常に暑くて日射病に罹《かか》って百名ばかり倒れた。その中数名は発狂したということである。アメリカのニューヨークなどでもやはりこの日射病が能くある。中流の人民で夏暑き時に卒倒したり、発狂したり、甚しきは死ぬ者もある。それで人の行為には太陽が余程関係を有して居るということが分かると思う。で、これは不良少年と身体の所で述べるつもりであるが、ここに関係があるから一寸言って置く、身体の加減と不良行為および犯罪との関係である。身体の加減が太陽の温熱の如何に依って悪くなると、啻だに病人となるのみならず、道徳上の罪人とまでなるという事実がある。勿論この喜怒哀楽の情はその人の天性にも依るものなるが、その喜怒哀楽の情をして表発さするには身体の模様が大変関係するのである。私は能く例に取って話すが、暑い時でしかも曇天であったり、長い間雨が降ってそれが月末にその人が借銭をして居る。そこへ掛取《かけとり》が来て厳談《げんだん》に及ぶ。非常に債主から責められてどうかこうか一箇月延期をして貰って債主《かしぬし》を帰してしまう。それから跡《あと》で夫婦喧嘩をして妻君を撲《う》つ。ところが撲ち所が悪くて遂に死んでしまったというので、殴打致死ということになる。その妻君を殺したことは甚だ不都合であるが、その原因を尋ねると自然的の原因、社会的の原因がそこに参差錯雑して居るのである。それでとにかく前から述べたように、元と犯罪行為を成立する原因はどこにあるかというと、自然的原因が確かにあるということの事実を滅却することは出来ぬと思う。しからば果たして人間の力でない。自然的原因でそういう事が出来るとすれば、人力を以て如何ともすることが出来ぬかという問題が起こるが、天の為す禍いでも人力を以て防ぎ得るという一の教訓的事実をここに述べたいと思う。決して失望することはない。それは社会制度の如何によるということである。これは社会的制度が良くなれば天の為す災害に打ち勝って行くことが出来るという事実を発見することが出来るのである。その例はいろいろあるが、インドの例が最もよいと思う。前に気候が熱い為に殺人罪を多く構成するということを述べましたが、そうするとインドはイギリスよりは非常に熱いから殺人罪は非常に沢山なければならぬのであるが、却ってインドは非常に少ない。インドはイギリスより温度の高きことおよそ三十度である。然るに概してヨーロッパ大陸よりもインドには犯罪が少ない。殊にイギリスよりも殺人罪が少ない。イギリスの生命犯三に対するインドは一である。なぜインドはヨーロッパ大陸やイギリスと比較して温度が高いにも拘らず生命に関係する犯罪が少ないかというと、これは社会的制度が整って居ることに帰せざるを得ない。その社会的制度とは如何なるものであるかを次に述べようと思う。

インドはイギリスより犯罪人の少ないのはどういう訳かというと、インドの社会は英語で「グレード」［英語で階級の意。つまり、いわゆるポルトガル由来の言葉でカースト、サンスクリット語でヴァルナ（とジャーティ）という言葉で表される制度のこと］というて日本の徳川時代のように階級制度になって居る。その階級は最も上が「バラモン」というて僧侶の階級で、これが最上権を握って居る。その次が武士の階級、その次が農工商、その次が奴隷である。日本と同じように、どの階級もその階級に依りて大層親しいのである。一体英語の「グレード」というのは家族ということを意味して居るという説もある［カーストという語は、ポルトガル語で血統を意味する、ということからの誤解か？］。それほど間柄が親しいのである。即ち各階級は大いなる家族である。この四大階級があって、その階級ごとに助け合う風がある。その階級は他の国ではどういうものかというと、あたかも大なる組合のようなもので、丁度中世の実業社会に「ギルド」という組合があった。それが商工業の発展と共に崩れてしまって、今は産業組合というが如きものになって居るが、インドの階級はいわばそういう大なる組合である。また或る意味では「グレード」というのは「サンスクリット」で色という意味を以て居る［サンスクリット語のヴァルナは色という意味を持つ］。インドに東北から「アーリア」人種が征《せ》めて来た時にインド人は白皙人種《はくせきじんしゅ》と違うからインド人が団結した。それで違った色という意味を有って居るという人もあるが、とにかくこの四大階級の間に団結心が強いので、日本で謂う五人組制度のようなものである。彼の五人組制度が日本の社会制度として町村自治の上に於いて昔は非常によかったのである。その組合にある者が悪い事をすると顔出しが出来ない。また制裁が強い為に日本の道徳上の良い習慣を維持して居った。ところが西洋の文明が輸入されて昔の良いことが破壊されてしまって、今は自治制が施行されて居るが、その自治制で日本の風俗を維持し町村の仕事をやって行くことがなかなかむつかしいのである。インドにはこの「グレード」という一つの社会組織があって、その組合ごとに互いに助け合って行く。故に犯罪をする者が少ないというのである。どういう制裁があるかというと、善い事をすれば賞を与える各種の方法が備わって居り、また悪い事をすると罰するところの制裁がある。例えば悪い事をすると罰金と除名とを以てこれを罰する。そうすると同じ階級の人々と食事を共にすることが出来ぬというのである。それから同じ階級の人と結婚することが出来ない。またもし悪い事をして法律にでも触れることがあったら、村の理髪店へ行って髪を刈って貰うことが出来ない。或いは公の浴場に行くことが出来ない。或いは最上の権を持って居る僧侶の説教を聴くことが出来ぬ。相談相手になって貰うことが出来ないというようなことを以て罰として居る。そういう制裁が厳重に行われるので、インドには犯罪が少ないというのである。いくら自然の力が強くて人間の脳髄に影響して人が不道徳をしても、こういう団結が出来て居ったら、天の為す災いに勝って行って、人間社会の道徳を進歩させて行くことが出来ると思う。そこで農商務省では今信用組合、産業組合を奨励して、各町村にこれ等の発達を遂げさせて居り、また内務省では公益法人という て報徳社の如きものを保護奨励して居る。勤倹貯畜組合とか同業組合というようなものに向かって奨励を加えて行って、地方地方に五十人なり百人なりの組合があって、それが互いに助け合うて行って社会の基礎が拠《よ》り、町村の基礎が堅《かた》まって来る。その産業組合などはどういうものかというと、道徳が基礎とならねばならぬ。また金を積んで仕事をするから経済にも関係あり、風俗の上にも関係あることになって来て、その社会制度が確立して来れば、一国は犯罪を少なくして道徳上経済上の状態が麗しくなるから、ここに犯罪を防ぐところの大なる勢力となることが出来るのである。その社会制度の道徳的中心が二つある。その一つは共同ということであって、それを組合というものが助長して行くのである。この組合うて仕事をすることは西洋人は余程得意である。会社にしても何をやるにしても日本人は口を開くと議長のいうことをなかなか聴かぬ。西洋人の図体であると議長の命令に能く従う。そうして互いに力を合わせて仕事をすることが上手であるからいろいろの事業が成り立つが、日本人はそれが下手である。封建時代の余弊《よへい》を受けて自分一人で仕事をしなければ気に入らぬという性情を有って居る。それで社会の共同事業が発達しない。この組合の仕事が発達して来れば共同という一の道徳が発達して来る。一つの仕事を共同して行こうというのには一人では出来ない。それで社会の公利公益を起こす上に於いて、殊に慈善事業をやって行く上に於いて然るのである。西洋では金持ちの実業家が共同するから慈善事業が挙《こぞ》るのである。また教育のある宗教心の厚い婦人が共同してくれるから出来る。また宗教家が慈善事業に向かって共同してくれるから出来るのである。日本では宗教家でも慈善事業に従事するのは余程進歩して居るのである。一般の宗教家に向かって慈善事業を起こせというてもそう賛成しない。近頃金持ちが慈善事業に大分賛成するようになったが、欧米各国に比すればまだまだ少ない。西洋に行くと、こういう会などには半数以上も婦人が出席して、男子の勢力よりも婦人の勢力が強くて困るという風である。日本ではそう行かない。とにかく何事でも共同が出来なければ事物は発達するものでない。それから今一つは同情ということである。組合事業をやると同情の念が発達して来る。他人のして居る事を壊すことは日本人は上手である。彼はあのような事をやって居るが、あれは高位高官に媚《こ》びてやって居るのであるから、直《じ》き尻《し》っぽを出すと、悪い方面だけいって善い方は決していわない。それが同情のない徴《しるし》である。この同情が加わらぬ以上は組合の仕事は出来ない。物を経済に使うということは物に同情があるから経済的に使用するのである。例えば石鹸《せっけん》を使うにしても、これは人の骨折りから出来た物であるから大事に使わなければならぬというのは同情である。その同情という道徳と共同という道徳とは比較的日本では新しい道徳と思う。昔から日本にこの組合事業の発達せぬのはこの点が薄弱であるからである。それでこの共同と同情が社会制度の整うてる国々に行われて居る組合制度に依って発達して来る。で、どうしてもこの社会制度が整うて来ないと不良行為でも、或いはまた犯罪行為でも減少することは出来ない。なぜ社会制度が整うてそういう悪い行為が滅却されるかというと、精神上からいえば共同ということと同情ということが組合に這入って来るからである。それが根本的に不良行為や犯罪行為を減少することになる。そういうものが堅固に社会制度と結び付いて来れば、自然的原因が幾何あってもこれに打ち勝つことが出来るという事は明らかなることである。それで社会的制度さえ完備すれば天の成す災いに打ち克つことが出来るということは、業に既に明瞭なる事実である。

第二章　社会的原因

人口の稠密と犯罪▽農村の衰頽と都会の発達▽都会は多くこれ腐敗の地たり▽地方行政と救貧制度▽帝都の三大貧民窟▽下宿生活と学生の堕落▽財産刑と犯罪数▽懲治人貧富の統計▽不景気と犯罪▽米価と犯罪およびその統計▽法律と警察制度▽教育と犯罪との関係▽懲治人とその教育程度▽広義の教育▽社会状態と犯罪▽維新前後の刺客とドイツの決闘および米国の私刑▽飲酒と犯罪▽ロンドン病と称する所以▽酒舗と労働者▽英国の貧民▽禁酒運動と酒舗の買収▽先輩の感化▽伊勢の大廟へ卒業証書を取りに行く▽悪友の感化▽不良少年と悪友の感化▽周囲の感化▽家庭と不良少年▽悪しき家庭は不良少年の養成所なり▽不良少年と車夫馬丁および僕婢と書生▽倶楽部の発達と家庭の衰退▽愛情の冷熱▽感化に妨害を与うる母親▽感化事業と境遇の転換▽善悪論▽ロンブローゾと犯罪人の相貌▽犯罪者の身体的特徴▽習慣犯罪者の増加▽習慣犯罪者の減少するの捷径

（イ）人口稠密と犯罪

人口の稠密《ちゅうみつ》が不良行為や犯罪を構成する一の原因であるということが社会学者の認識する所である。人口の稠密になるということは、殊に十九世紀および二十世紀の文明に於いて著しき社会的現象である。都会が非常に発達して来ると農村が衰えて来る。都会の発達は商工業の発達に原由《げんゆ》する。東京でも渋谷とか青山とか品川の端とか小石川から千住の端々に行って見ると、かつて田甫《たんぼ》であった所に製造場が出来、住宅が出来て居る。この如く漸次に人口が都会に稠密になって来ると、一方には田舎の人口が減って来る。一体国家の健全なる分子は何所に住んで居るかというと、多くは地方に居るのである。職業の上からいうても体力の上からいうても最も健全の分子はいずれの国でも地方に多く住んで居る。そうして最も不健全なる分子が都会に多いのである。人口が稠密して来て都会が発達するというと、不健全の人間が殖えて健全の人間が減ることになって来る。それが犯罪の原因や不良行為を激増する原因となって来る。例えば人口が稠密になると生活困難ということが出て来る。而して貧民の最も多いのは都会である。田舎から都会へ来て活路を失い、遂には堕落をする。この堕落の重因は生存競争が烈しいからである。イギリスの有名な統計学者チャールズ・ブース

［Charles Booth］という人がイギリスの中産以下とそれ以上の統計を取ったことがあるが、彼の地の貧富の懸隔《けんかく》は非常に甚しいので、百分比例にすれば金持ちは十で、後の九十は貧困に傾いて居る人間か、もしくはその日暮らしの細民である。これはイギリスのように文明が進み貧富の懸隔が激甚とならば貧民は驚くべく多数となる。日本でもそういう傾向が漸次強くなって来て、それで生活に困難をするというところから種々の社会問題が起こって来る。そうすると遂には犯罪者が激増してくる。私はかつてブレーキ氏［William Blake Odgers ?］のイギリスの『ロウカル・ガバメント地方行政』という書物を読んだことがある。イギリスの市町村の事業は何かというと、全く貧民の為めに仕事が十中八九を占むるというので、余程その論が面白い。公衆衛生ということは地方行政の上に於いては最も大切なることである。ところがこの公衆衛生は貧民に多く行わねばならぬことで、中産以上の人々はこれを奨励しないでも各自にやるのである。故に貧民の衛生が整うて来れば公衆衛生なる事務はその大半を減ずるのである。それから普通教育も就学歩合の少ないのは貧民社会に甚だ多いのである。そうすると初等教育の如きは貧民が少なくなれば自然と進歩するのである。これは一、二の例証ではあるが全くその通りである。それは何から来るかというと、生活に困難する者が殖

えて来るからである。殊に都会が甚しいのである。我が東京には三大貧民窟というて下谷万年町およびその附近、四谷鮫ケ橋、芝の新綱等はその重《おも》なるものである。そこには掏摸《すり》も泥棒も出獄人も不健全なる分子が沢山集まって居る。都会に人口が稠密して参る訳は青年が虚栄心に馳れるということである。田舎の健全なる分子中の最も健全なる分子は青年である。その前途に望みのある者は多く青年で、その青年が都へと上って来る。そうしてそれがどうなるかというと、その上って来た青年は第一に大都会の真中で知己がないから下宿屋に住む。この下宿屋という所は実に人間を堕落させる所の藪淵である。麵包《パン》につける砂糖がないから持って来いというと直ぐ持って来るが、勘定の時はそれだけの金を取る。茶を持って来いというと直ぐに持って来るがこれまた金である。故に下宿屋は頭から足の先まで金ではじくのである。こういう所へ地方から青年がやって来て悪友に接して段々堕落するのである。故に東京に於いて心ある人々はこの青年の寄宿舎に就いてはすこぶる苦心して居るのである。一体細民には小供が多いのであるが、この小供が青年となり、而してこの青年が段々堕落して遂には犯罪者となるのである。故に犯罪者中に最も青年の多いのは即ちこの訳である。

（ロ）経済的事情と犯罪との関係

如上我が国には冬期に於いて犯罪者が多く、しかもその犯罪が多くは財産に関するものなる事を述べたが、余は次にその統計を示そう。

明治二十八年ないし三十三年の六箇年間に於ける刑事被告人罪質別を掲ぐれば

	百人ニ付
財産に関する者	五十人
身体に関する者	七人
風俗に関する者	二十八人
信用に関する者	三人
その他の犯罪	十二人
合　計	一百人

明治三十三年財産に関する犯罪の類別

	百人ニ付
窃盗罪	六十七人
詐欺取財	二十二人
放火罪	三人
贓物《ぞうぶつ》に関する罪	四人
強盗罪	一人
遺失物包蔵	一人
その他	二人
合　計	一百人

この統計に依って窃盗および詐欺取財を合わせると八十九人となる。勿論この統計のみを以て厳密に論決することは出来ない。がしかしこれを以て見ても財産に関する罪が如何に多いかが分かる。そこで経済的事情が犯罪の重《おも》なる原因の一つということは争うことの出来な

い事実である。

明治十七年から三十七年に至りて懲治人の貧富別を見れば、如何に資産なきものの子供が懲治人となったかが分かる。左にその表を掲げて見よう。

年次	資産ある者	資産なき者	合計	全体に対する無資産の百文比率
明治十七年	四七	三二六	三七三	八七・四
同　十八年	五一	四八三	五三四	九〇・四
同　十九年	二五	五四二	五六七	九五・六
同　二十年	三一	五三八	五六九	九四・八
同　二十一年	五〇	四一九	四六九	八九・三
同　二十二年	四七	五〇四	五五一	九一・四
同　二十三年	四〇	七六二	八〇二	九五・〇
同　二十四年	三七	八八一	九一八	九五・九

年次	資産ある者	資産なき者	合計	全体に対する無資産の百文比率
明治二十五年	七〇	九二一	九九一	九二・九
同　二十六年	三〇	八七九	九〇九	九六・七
同　二十七年	二二	一、〇二四	一、〇四六	九七・八
同　二十八年	二八	七三七	七六五	九六・三
同　二十九年	三二	五二七	五五九	九四・二
同　三十年	一六	五一八	五三四	九七・〇
同　三十一年	一三	六一〇	六二三	九七・九
同　三十二年	三一	三八九	四二〇	九二・六
同　三十三年	九	三三一	三四〇	九七・三
同　三十四年	一八	二六八	二八六	九三・七
同　三十五年	一一	三三一	三四二	九六・七

年次	資産ある者	資産なき者	合計	全体に対する無資産の百文比率
同　三十六年	一四	四一〇	四二四	九六・六
同　三十七年	一七	四〇九	四二六	九六・〇

これに依りてこれを観るに、通計十七年間、明治十七年と二十一年の外は悉く無資産者の比例は百分比例の九十を示し、取り分け明治三十一年の如きはほとんど百分比例の九十七強を示すのである。

以上引例した二つの統計を見ても、人の犯罪をなすに至るのは多く経済上に関係することが分かるので、所謂恒産《こうさん》なき者は恒心《こうしん》なしで、物質的から精神的に及ぼす影響の強大なることが分かる。

（八）不景気と犯罪

明治二十七、八年日清戦役の彼我《ひが》国民が活気を帯びて来て事業熱が盛んになって、非常に諸工業が発展した結果国民が甚だ奢侈《しゃし》に長じて来た。ところが段々二十九年三十年と経つに従って事業熱のあとは非常に経済界を打撃して驚くべき恐慌を来たした。そうして三十年頃から非常に不景気となった。而して犯罪が殖えて来た。その犯罪の性質は啻だに経済的関係のもののみならず、殺伐なる犯罪もまた大いに増加して来たのである。とにかく不景気から犯罪が殖えたことは慥《たしか》なる証拠である。不景気になると直接どういう風に困るかというと、業務を失うのである。これは日露戦争の時にもそうであった。三十七、八年の頃には色々の事業が俄《にわ》かに発展したるが為に三十九年より今日に至るまで非常に不景気となった。日清戦争の時と日露戦争の時と強弱の度こそあれ、世の中が不景気になりて業務を失うものが多く、従って犯罪者が増加して来たことは同一現象である。これは重《おも》に経済上の問題に起因するのである。

（二）米価と犯罪

日本では重に米食であるが故に米価が経済上の本になって居る。従って米価の高い時と安い時とて犯罪の数が非常に違う。米価が騰貴《とうき》すると殊に窃盗罪が殖える。次の統計は千葉県監獄の調査にかかるものであるが、これを以てたちまち一班を推す訳にはいかぬが、少なくとも参考になるであろう。

年次	新受刑者	一日平均人員	一人平均体量	米価	麦価
明治三十年	三、八三七	一〇・五	一三貫七六九匁	一一円六五〇銭	六円八八二銭
同　三十一年	三、七〇八	一〇・一	一三貫一六五匁	一二円一九八銭	七円九七三銭
同　三十二年	三、三四七	九・一	一三貫八八一匁	一一円五五五銭	七円五七三銭
同　三十三年	三、五三六	九・六	一四貫一一二匁	一二円七一二銭	七円四八八銭
同　三十四年	三、二四一	八・八	一五貫二三六匁	一一円八九二銭	六円三三七銭

（ホ）法律と警察制度

犯罪の増減を研究する時に、統計のみでこれが多い少ないということは分からないが、しかし一体法律がなかったならば犯罪というものは全くなくなるのである。故に犯罪なるものは法律あって然る後に出来るものである。故に法律が精密になるに従って犯罪人が殖える。これを一言にしていえば、文明が進むに従って犯罪が殖えるのであるが、それは如何なる犯罪が殖えるかというと、微罪がふえるので、大いなる犯罪は却って減るのである。例えば徳川時代には道端に小便をしても罰しなかったが、社会の制度が整うて来ると、かかる微罪までも罰するようになる。そこで法律の手加減一つで犯罪人が多くもなり、また少なくもなる。例えば米国では帽子を被らないで外を歩くと罰金を取られる。また洋服の前を外して歩くと罰金を取られる。それで犯罪の多い少ないということは法律の精粗如何によるのであるから、あまり精密なる法律を多く作るということは犯罪人を多く拵えることになる。それから警察の制度が緻密《ちみつ》になると犯罪人が殖えて来る。今我が日本で年々刑の宣告を受ける者が概ね十八、九万人ある。ところで本当の犯罪人はそれだけかというと実際は三十万居るか四十万居るか分からぬ。上手に犯罪をして居る者は警察の眼を潜るから分からないのであるが、警察が緻密になると犯罪人が沢山出来る。この頃司法省で指紋法ということをやって居る。私も欧米へ行った時に多少研究したが、それはどういうものかというと、犯罪人の指紋を紙に押さしてその手の筋を眼鏡で見る方法である。或いはロンドンで犯罪をして東京へ来て捕われて、私は初犯ですというてもその指紋の証拠を取り寄せて見ると直ぐ分かる。故に司法者はこれを奨励して警察なり監獄なり裁判所なりでやらせたいというて居るのである。そういう風に物事が精密になると犯罪を免がれることが出来なくなって来る。故に法律と警察とか犯罪の原因であるということは出来ないが、法律と警察制度が緻密になると犯罪は自然増加して来るのである。それから検事の手心で犯罪人が増減する。例えば検事がこれは微罪不検挙にしようと思えば罰しないことも出来る。そういう風に法律や警察制度や裁判の手加減に依って犯罪が増減するから、統計に表われたばかりでは犯罪数の実際は分からないということになるから、この点は注意しなければならぬ。

（へ）教育と犯罪との関係

一体犯罪人の出来るのは広き意味に於ける教育が行き届かないからである。どうしても犯罪人には無学の者が多いのである。ここに我が邦の懲治場《ちょうじじょう》に這入った者の教育程度を示せば次の如くである。

明治	十五年	五五・六
同	十六年	六五・四
同	十七年	六八・九
同	十八年	八一・六
同	三十四年	五二・〇
同	三十五年	五一・〇
同	三十六年	四五・八
同	三十七年	四四・〇

この統計は教育普及の結果として全く読み書きの出来ない者を段々減少して居ることを示して居る。しかし私の謂う教育なるものは広き意味の教育であるから、実業教育などは最もその重《おも》なるものになる。広き意味の教育には二つある。それは人格を養成することと文字や職業などを教えることで、この二つの教育が能く行われれば犯罪人は自然こう減るのである。それで国民の教育程度如何は犯罪に大関係を有するのである。そこで御注意を願って置かな

ければならないことは、文字ばかりの教育が盛んになると却って犯罪人が殖えて来る。例えばフランスとイギリスとを比較すると、フランスは教育が進んでから犯罪人が殖えた。これと反してイギリスでは職業教育と道徳教育に重きを置くから、教育が進歩して犯罪人が減ったのである。日本でもその例がある。「アイヌ」を教育するに唯だ知識の教育のみやって、犯罪人、殊に詐欺取財の如きものが殖えて来たことがある。私はこの事を北海道に居った時に教育家から聞いたことがある。かかることはいずれの国に於いても同じことであると思う。そこで近頃文部省では実業教育および補習教育を大いに奨励して居るが、これは誠に結構なことであると思う。

（ト）社会状態と犯罪

社会状態が犯罪を作るに大いなる関係を有って居る。例えば前に述べたように日清戦争、日露戦争の後には必ず犯罪が殖えた。また十年の西南の役後にも犯罪人が非常に殖えた。そういう風に国家に何事か動乱が起こると犯罪人が殖える。また前にも述べたようにイタリアには人を殺すことを受け合う所の秘密結社がある。また日本でも英雄気取りを以て大臣参議を殺した者を幾分か社会が褒《ほ》めるような気味もある。これは生命に関する犯罪を煽動する原因になる。それからドイツに行くと決闘をやる習慣がある。どんな立派な紳士でも決闘をしなければ男子の仲間入りが出来ないというのである。で、ドイツでは男振りのよい人は二つ三つ顔に創《きず》がないといかないというくらいに盛んである。今は法律で以て禁じて居るが、どうしても止まないのである。それからアメリカへ行くと「リンチ」ということがある。それで刑法学者が私刑と訳して居る。これは主としてアメリカの南の方に行われるので、その刑罰は黒奴に科する刑罰であるが、例えば黒奴が白人を強姦するとか或いは辻強盗をするとかすると、そこには警察署も監獄も裁判所もあるのに、その手は煩わさないで白人が出て来て皆でその奴を嬲《なぶ》り殺しにしたり、或いは松葉で熏《くす》べて殺したりひどい事をする。甚しきはその犯人が入監し居るにも係《かかわ》らず、乱民が監獄へ行ってその黒奴を引き出して嬲り殺しにするというようなことがしばしば行われるのである。ところが一郡一村全体出るのだから、警察も判事も法律はあるが、社会がそうだから何んとも出来ない。そういう社会状態では一郡一村悉く犯罪人にしなければならぬから、法律があっても行われぬことになる。如何なる制裁を以てもそういう悪習慣を止めることは出来ないのである。しかし最後にこれを防止するのには宗教、教育の力を以て漸次にやるより外に仕方がないのである。斯かる事柄はやはり社会状態が犯罪人を生ずることに大なる関係を有して居るのである。

(チ) 飲酒と犯罪

飲酒の犯罪を醸生《じょうせい》するに与って力あることは、ヨーロッパ各国と比較するに我が邦ではそれほど盛んではないが、ヨーロッパ各国では飲酒の影響が犯罪の造成に与って力あることは顕著なる事実である。「ドリンク・クエスチョン」という一問題があるくらいである。私は洋行せない前からこの問題は監獄問題と関連して研究しましたが、酒というものが犯罪を製造するに有力なるものなりとは、いずれの監獄学にも盛んに書いてある。例えば犯罪者の百人中七十人までは酒を飲むということが書いてある。殊にロンドンは非常に酒を飲む所で「ロンドン病」"Disease of London"という言葉がある。あちらに行かぬ前は大袈裟《おおげさ》のことをいうのだと思って居ったが、行って見ると非常なものである。フランスでもそうである。フランスは御承知の通り葡萄酒《ぶどうしゅ》の沢山出来る所であるから葡萄が豊年である時は犯罪が殖える。またドイツでは「ビール」を日本の茶のように飲む。イギリス、スコットランド、アメリカなどは実に飲酒の弊害はひどいのである。イギリスでもアメリカでも大都会の四つ角の最も好い場所は酒屋と芝居小屋で占めて居る。どうも私の考えるにアメリカ人とイギリス人と日本人とを比較して見ると、下等の人間になると日本人の方が余程上等であるように思う。酒屋へ行って見ると飲酒場に高価なる女の裸体画が掲げてある。それを肴《さかな》に酒を飲む。ロンドンなどの労働者はその得た賃銀の三分の二を酒屋で使ってしまうのである。あちらの貧民窟に行って見ると妻者《めじや》は夜叉《やしや》のような顔つきをして居る。子供の状態などは実に憐れなものである。英語の「ポーパーズ」という言葉があるが、それは貧民と訳してはいけない。乞食のような、浮浪徒見たような貧民と訳せばよい。貧民といえば私の如きも実は貧民であるが「ポーパーズ」ではない。それはなぜそういう状態にあるかというと皆酒の為である。家に帰ると妻君は夜叉のような顔をして居るので不愉快で堪らないから、戻りに酒屋へ行って遊ぶと、その所には音楽もやって居るし、淫売婦が出入して居るので愉快であるからそこで酒を飲んで家に帰るのである。そういう貧民の多い所には必ず泥棒も従って多いのである。我が邦の状態はそれほどひどいことはない。であるから西洋でいう禁酒論と日本禁酒論とは余程相違がある。であるから日本の禁酒運動は西洋ほど盛んではない。それで日本に於ける犯罪と禁酒の関係を調べたことがあるが、犯罪者の百人中飲酒が元で犯罪者に成った者は四十人くらいしかない。西洋では百人中七十人位あるのである。それでイギリスなどでは「パブリックハウス・トラスト・ファンド」という一の禁酒運動が出来て居る。今英領カナダの総督になって居るアール・グレイ［Albert Grey, 4th Earl Grey］という人が酒屋買収会社というのを立てた。そうして高い金で酒屋を買収してこれを改善して行くのである。そうしてそこで極く軽度《ご》の「アルコール」を含んだ酒を飲ませて、妻君の手を取っても行けるような極く清潔な所にしたいというので、そういう社会運動がイギリスで火の手を挙げて居る。飲酒の害については片山［国嘉］博士も述べられたと思うが、飲酒と不良行為との関係は多弁を費す必要はない。殊に欧米各国では酒の問題は社会問題の大なる問題の一つである。

（リ）先輩の感化

これは成年未成年全体に関係するのであるが、先輩の感化力というものは実に強大なるものである。然るに無責任で暮らして居る先輩が沢山あるのには困る。まず良い方の感化からいうと、故品川［弥二郎］子爵は大なる精神上の感化力を有って居られた。私が町村を調べて歩いて、良い町村とか或いは良い事業を起こして献身的に働いて居る人は、多くは品川子爵の感化を受けて居る。一、二の例を挙げて見ると京都の川島甚兵衛という人は頻りに品川子爵を慕うて居る織物業者である。また金原明善翁の如きも品川子爵の感化を受けて居る。東京の勧業協会の幹事をして熱心に事業を経営して居る某は、世の中に大分事業もして事業上からいえば、くれるものがあれば卒業証書を貰わなければならぬ人であるが、この人も非常に品川子爵を慕うて居る。この幹事は平素考うるに、乃公《だいこう》に卒業証書を渡す者は今の世に品川子爵を除いてはあるまい、然るに子爵は亡くなられたから卒業証書を貰う人がない、というので、伊勢の大廟に往って貰って来るというので、わざわざ伊勢まで出掛けるということである。私は地方で有力の人を沢山知って居るが、上に立つ人が不品行をして新聞に出るというと、ああいう人ですらやるのであるから私等は少しくらいはやってもよいというのでやり出すのである。町村の先輩が悪い事をすると、やはりその感化を受けて青年までがやるようになる。それで殊に少年者の上には先輩の感化というものは実に大なるものであるから、先輩たる者は謹直《きんちょく》を以てその行為を慎まなければならぬのである。

（ヌ）悪友の感化

これは私も実験があり、また同じ事業をやられる方は御実験のことと思いますが、家庭学校へ来る生徒に必ず悪友がある。だから常に、この生徒は私が処分するが、この子供の悪友は誰が処分するかということを親に尋ねる。この悪友等を処分してしまわなければ入校したる我が生徒を改善することは出来ない。もし校外の悪友を処分せぬ時は入校した我が生徒は始終文通をするとか、来てたたき出すとかして、校外の悪友等が始終一人をつけ狙うことになると、如何に我等が力を尽くしても到底その目的を達するものではない。これらの悪友の感化が大なる勢力を持って居ることは能く伝承知のことと思う。かつて私は一人の少年を引き受けてそれを段々調べて見ると、これには悪友があると看破した。それで私はこういう風にした。その少年が金を持って逃げてしまって鎌倉に行って居ったから、探し出して警察へ拘留して貰って置いて、その中に悪友を退けてしまおうというので、その子供は留置場に居る中に親が勘当を申し渡して、毎日警察では二、三遍もこの少年を呼び出して厳重に訓戒を加える。それから私が行って連れて来よう。こういう策戦計画を定めた。そうしたところがこの少年には悪友が十七人もあった。それが皆中以上の実業家の息子である。その中に十七歳になる娘が一人関係して居る。それはしかも立派な家の娘である。毎日「オルガン」を習うとか裁縫《さいほう》を習うとかいって家を出て男と関係を付けて鎌倉や江の島辺に遊びに行くというようなことをやって居る。それから警察署長が親を呼び出して質《ただ》した所が、私の娘に限ってそんな事はないという。それから段々事実を話した所が、母親がそこに倒れて泣いたということである。それでその十七人の悪友を悉く処分して、その少年者を我が校へ連れて来たのである。故に世の父母たる者は自分の子供の善いか悪いかを知らんとするには、その友達を見れば大抵分かるのである。そこで私は検事や警察官に向かって始終話して居ることであるが、感化事業を完全に成功せしめんとするならば、その不良少年不良学生には悪友があるから、その悪友をば東京の四、五十里以外に保安条例の如きものを造って放逐《ほうちく》して貰わなくてはならぬというのである。そうでなければ一人の処分が出来ても他の処分が出来ないと到底駄目である。不良少年は一人で悪くなるものでない。種々様々なる原因があって悪くなるのであるが、その悪化せらるる原因の中で悪友の感化というものは意想外《いそうがい》に勢力を持って居るのである。

(ル) 同囲の感化

アメリカなどでは酒屋とか女郎屋は勿論のことであるが、そういう場所は小学校の何十町以外でなければ置くことは出来ないという法律がある。日本では小学校と遊女屋と相近接して居る所もある。例えば千住の如き所に行って見ると、遊女屋の裏に小学校がある。かかる場所柄には劇場、寄席、飲食店等も多くあるのであるが、これも漸々《ぜんぜん》改良しなければならぬと思う。

(オ) 家庭

家庭のことに付いては御実験があろうと思いますが、これに就いては自分がいささか感じて居ることがありますから述べましょう。世の中に問題という問題は沢山ありましても、つまり十中八九まではこの家庭問題で決して来るものである。不良少年の出来るのは家庭がないか、もしくは家庭があっても悪いかである。その家庭の悪いというのは、親が妾を持って居るとか、母親が役者狂いをするとか、或いは始終夫婦喧嘩をするとか、また家庭は悪くなくてもその家の父たる人が営業上外国へ行って居るとか、或いは内地に居っても始終旅行がちであるというようなことであれば、多くその家には不良少年が出来る。しからば則ち子供を教育する上に於いて、父たる人の感化が如何に影響するものであるかが分かる。その実例は沢山あるが、今御話する時間がない。普通一般に貧民の家庭にのみ不良少年が出来るように思って居るが、近来は上等社会にもまた多くの不良少年が出来る。その原因は二つある。一つは父たる人が公の事の為めに関係して外出がちで子供に対しては監督が行き届かない。今一つは上等社会の人などは多く道徳や家庭の事を能く整える事等に考慮を費さない。いわば家庭が乱れて居るのである。東京では大家の家庭に芸者や芸人が多く出入りする。彼等はその家のお嬢さん奥様などと親しみ易い。それが為に家庭が自然と乱れて来る家は枚挙《まいきょ》に遑《いとま》ないほどである。それを見習う子女の感化はどうであろうか。実にこれ等の家庭に成育する少年少女は気の毒のものである。こういう例が幾個もある。或る富豪より託された十七歳になる少年を世話して得た経験であるが、その少年は三箇月間に三、四千円も乱費した。これでは数百万円の身代も行末が案じられるというので私の所へ連れて来て、宜しく頼むという。それからこの少年に一人の教師を付けて置いて、能く挙動を見てくれと頼んで置いたが、その教師の日誌広報告を見ると、この少年に付いて私は種々の事を学んだ。私の学校では自分の事を総て自分でやらせる主義を執って居る。この少年が入校した翌日の日記を見ると、この少年は箒《ほうき》の持ち方を知らぬということが書いてある。それから夜着を、どう畳んでよいかわからないでぼんやりして居るという。段々その少年の平生を調べて見ると、十七歳まで乳母が三人附いて居たという。そういう訳でこの少年を助け長じたのである。それから私の所では煙草と酒は禁じてある。これらの事を厳しくいうと、その少年のいうよう、なあに爰《ここ》の校長がそんな事を言ってもいかぬ、高位高官である何某のような、えらい人でもそんなことは構わぬから校長くらいがそんな事を言ってもいかぬという。それから段々尋ねて見ると、私の家へは常に高位高官の人が来られて芸者を抱えて徹宵騒ぐのであるという。それから或る時その大家の番頭が来ましたから、お前の主人の息子はこういうことをいうが本当であるかと尋ねると、それは商売を盛んにするにはお蔭《かげ》を蒙《こうむ》らなければならぬから政略でやるのである、それを内のぼんちゃんが弁《わきま》えぬから困るといいました。そういう事であるからこういう少年が出来るのである。政略だというてそういうことを神聖な家庭でやらするのは不都合千万《せんばん》であるということがあったが、かかる挙動を見習わせると不良少年が出来るのである。同じ不良少年または不良女子であっても、妾に出来た子供は感化が余程むつかしい。妾の子供は一種の性癖を有って居る。それから妾およびその子供と本妻およびその子供とを同じ家に住まわして居る家がある。これがまた非常に悪い。そういう家で子供が悪くなるのは当前である。それから継父母は必ずしも悪いとはいえぬが多くは良くない。だから継父母の許に育った子供には不良少年少女が多い。それから下女に出来た子供が良くない。従って下女に出来た子供がまた不良少年になる。大家でなくとも下女は居るが、余程社会の道徳が乱れて居るものと見えて主人と下女との関係が清潔でない。私は有馬［四郎助］典獄の話によりて面白い事実を見出した事がある。典獄の話に自分の懲治場から出た十七、八の娘を他へ下女にやって置くと往々逃げて戻る。それはどういう訳であるかと穿鑿《せんさく》をすると、その内の主人がどうもならぬというのである。しかし戻って来た理由を向こうに行って尋ねることが出来ない。実に家庭という所は大切な所であるから、一方不良少女が良くなっても一方の家庭が悪いと再び悪化されるのである。これを要するに妾や下女に出来た子供は必ず道義観念が薄弱であるから、ややもすれば不良少年になり易い。それからこれは外国の例であるが、或る小学校で児童の学績および品行を調べて見た所が、劣等なる子供は下女や妾の子供であるという事である。妾や下女に出来た子供の内には不良少年のみならず所謂低能児が多い。その証拠は学校児童の学蹟および品行の程度を調べて見ると分かる。今まで世間には隠して居た事柄が学校で分かるという事はすこぶる面白い事実である。それで私は天は曖昧の内に事を済まさないと思う。どこまでも徹底させるのが自然《ネーチユアー》の道である。例えば梅毒の如きものは極く秘密の場所で伝染するものである。ところがその行いの結果が顔面に現われて来る。個人や家庭の道徳が乱れて居る事は世間には容易に知れないが、それが不良少年少女となって学校に於いて初めて公になるという事は余程面白い教訓的事実であると思う。それからこの事実は多く中以上の家庭に行わるることであるが、子弟の悪化するのは車夫馬丁、下女下男および書生等の感化が親の感化より強大であるからである。東京の如き大家の多い所では父は始終公事に関係して居る。母は社交等の為めに出がちである。かような内では夫婦共家庭に居ない。多く家に居るものは下女下男や書生や時としては車夫馬丁であるが、これ等が妙な流行唄を唱ったり妙な事柄を教えたりして不知不識《しらずしらず》の間に少年少女を悪化するのである。それで書生や下女下男または車夫馬丁を置く時は注意して撰択せねばならぬ。また下女の如きは物を盗まないものは少ない。盗まぬまでもごまかすのである。そういう者に子女が接触するのであるから良い感化は受けないのである。これは家庭が不良少年を造る一箇条として余程注意すべきことである。この意味からしても下女学校や子守学校を興すことは甚だ必要であると思う。イギリスなどでは家庭を重んずるから主婦とほとんど同一の権利を有った家庭教師を傭聘《ようへい》するのである。両親が公私に関わって不在してもこの家庭教師が責任を持ってその欠を補うてくれる。そういう者を置いて居るから、向こうの上等社会は比較的乱れないのである。斯かる問題は不良少年の原因は何処にあるかということを研究する中に於いても最も大切なる一問題である。それからこれは日本には未だ甚しくないことで西洋にはすこぶる盛んなことであるというのは、各種の倶楽部の設立せらるることである。ちょっと役所や会社の戻りなどに珈琲を飲むとか、玉突をするとか、或いは他の社交的集会であるとかいって盛んに倶楽部を利用することである。この倶楽部を盛んに利用することがイギリス人の家庭を弱くする一大原因であると論ずる社会学者もある。文明が進むと人々が多く倶楽部に這入って家庭が御留守になる。かかることからして両親がその子女に接する機会が少なくなる。随って家庭取り締まりの上にも影響して来るから不良少年少女が発生するということは大いに参考となるべき価値のある論である。我が国の現状でも、はいから紳士は一日の勤務を終えたら多く倶楽部で暮らして、夜、寝る時だけ家へ帰る。然るにイギリスやアメリカでは倶楽部組織が整頓して居るから、倶楽部が盛んになると同時に家庭が衰えるということは余程注意すべき問題であると思う。

(ワ)　愛情の冷熱

両親または家庭に於ける老人の愛情の冷熱がまた不良少年を造る原因となる。不良少年は例えば植物の如き物である。植物は太陽の熱を適当に受けなければならぬものである。然るに熱が甚しく弱くなると草木は生長しないのである。それと同じことで子供が育って人となる上に於いてもその両親たるものの愛情が適度になくてはならぬ。例えば無暗に愛し過ぎると愛が過ぎて子供が悪くなる。所謂お婆あさん育ちに不良少年の多いのはこの理由である。愛情の多過ぎるのは父よりも母に多いのである。近頃私の実験では子供の悪くなるのは多く母親にその責があるということを発見した。我が学校から子供が逃げて帰る。逃げて帰った時は入れないことにしてくれぬと困ると約束して置く。然るに逃げて帰ると母親が、久し振りである、能く帰った、風呂が沸いて居るから這入れ、御馳走を食べ、今夜は泊まって往けというような風でどうも困る。つまり父母のあまりに冷情であったり、愛情が過ぎたりすることが不良少年を造り出す原因となるのである。また愛情の冷たいのになるとひどいのがある。なるほどああいう風では子供の悪くなるのも最もだと感ずることがしばしばある。我が校に親がその子を連れて来る。一寸と見るとなんだか他人の子供を連れて来て居るように見えるほどにも冷淡なのがある。だからその子供に対する態度も平常にすこぶる冷淡である。

これを要するに不良少年少女の出来るのは、多くは以上述べ来たりたる如く、家庭または境遇の悪かった為に出来るのであるから、苟《いやしく》も感化の実を上げんとならば、そういう境遇から一応分離してしまわなければならぬ。船に酔うた時にはどんな良薬を用いても船の中では癒らぬ。上陸さえすれば直ぐに癒る。それと同じ道理であるから、不良少年を感化せんとならば境遇の転換ということは最も肝要なることである。

そこでこの社会的原因を約《つづ》めていえば、境遇が不良少年少女を造ったと言い得るのである。つまり、善悪という問題はいわば後天的の問題である。善悪の問題を哲学上からいうといろいろの論がある。二元説などというて、世の中に善と悪とあるのは二つの大原因があるからであるという。これは運命であるから如何ともすることが出来ないという人がある。私は人間が良くなったり悪くなったりするのは後天的問題であると思う。善悪という事は今日「クリミノロジー」の方からいえば勿論後天的の問題に帰着する。なぜ後天的問題に帰着するかといえば、今日不良行為や犯罪行為の社会的原因を調べて如上掲げたる十三箇条の事柄に帰因するとせば、勿論人の善悪は後天的に出来たものに相違ない。人間の生まれて来た時は善も悪もないもので後天的に悪くなった人間はまた善くすることが出来るに相違ない。これから後、後天的原因については遺伝の所で述べるが、ロンブローゾ［Cesare Lombroso］の説などに依ると、近頃は余程緩和にはなって居るが、ロンブローゾの説によると犯罪人の中には先天的に犯罪人がある。これを「クリミナルタイプ」というて居る。例えば手が長いとか足が短いとか髯《ひげ》がないとかいろいろ特徴があるが、これらは犯罪をせざるを得ないのであるという。そうすると犯罪をするのは先天的のものである。しかし私はそうは思わない。犯罪者の相貌《そうぼう》なるものは後天的である。人間が十年も二十年も監獄の如き狭き範囲に一緒に生活して居ると自ずと似て来る。私の知って居る婦人が嫁《か》した後に寄越《よこ》した手紙とその以前に寄越した手紙とを比較して見ると手跡が違って居る。それは段々夫の手に似て来るのである。私はロンブローゾの論は極端であると思う。犯罪人《クリミナル》の相貌《タイプ》と称する如き顔付きは境遇の然らしむる所である。監獄の如き処で同じ監房に十年も二十年も一緒に居ると、概して顔付きが似て来る。歩き方が似て来るし、風付《ふうつ》きが似て来るし、る。何にも彼も似て来るのである。それと同じく犯罪人の如き者を善人の中に入れて置いてごらんなさい。魂はともかく形が善人に似て来るに相違ない。これは境遇の問題である。人が善悪になるのは境遇から来る問題で、二元論者の哲学の如きは悪魔の哲学であると思う。ところが哲学上からいうとこうであると立論すると弱る人がある。学問上からいえば、あの子供は自然に悪人に造られて居るから改善することは出来ないという人があるが、それは大間違いである。その悪行が遺伝から来ても境遇から来ても教育の力によると必ず直る。それ故に人の子は決して先天的に不良少年に造られて居る者ではない。その証拠には今日文明各国で困って居るのは習慣犯者である。習慣犯者とは何遍でも監獄へ来る者をいうので、私はニューヨークの監獄を視察したことがあったが、或る囚人の話に自分がこの監獄に入監してから典獄が八遍変わり、而して自分はこの監獄に前後四十三年居ると謂った。それはどうして幾度も入監するかというと、監獄へ入監すると前よりもより悪くなるのである。世界の刑事統計中百分の六十もしくは七十までは習慣犯罪者である。この習慣犯罪者はどうしたら減少することが出来るかというと、今日監獄学者の結論では不良少年の改良感化に在りということである。なぜそうなるかというと、百分比例の五、六十まで十四、五歳から三十歳くらいまでの間に犯罪人となるのである。そうすると犯罪者の大部分が少年者または青年者であるから、彼等を感化すれば自然と犯罪が減少するのである。少年青年が幾度も監獄へ這入るから習慣犯罪者という者が出来る。習慣犯罪者は容易に感化の出来ぬものであるというので、西洋ではこれを「不感化囚《レシジビーズ》」という名を付けて居る。かかる習慣犯者は多くは不良少年から出て来るのである。その不良少年を改良すれば習慣犯者が自然となくなるのである。で、ヨーロッパの最も良い感化院の成績を見ると在院者の八十五人から九十人までは改良して居る。これを放って置けば彼等の多くは習慣囚になるのである。この一事を以て見ても善悪は先天的でなくして後天的即ち社会境遇の然らしむる所であるという論が正鵠であるということが分かる。況んやその犯罪がよし遺伝から来たとするも、境遇さえよければそれに打ち勝って善人にすることが出来ると思う。この論はまず大体に於いて誤りなきものとしてよいと思う。

第三章　個人的原因

犯罪者とその年齢▽犯罪および不良行為と個人的原因――（一）男女別――体質の差異▽年齢の差異▽遺伝の害▽二宮翁と善悪論

刑事学者は犯罪および不良行為を個人的原因より左の如くに類別して居る。

一、社会状態を異にすること
二、生理的状態を異にすること
三、体質を異にすること
四、年齢
五、遺伝および家庭の状況

こういうことは個人的に不良行為や犯罪を研究する上に必要なことであるが、その前に一つ述べて置かなければならぬのは、哲学者のいう所によると人間は二つの中心（善悪）を有って居るというのである。今日の状況では善の方は弱くして悪の方が強い。内部の力がそうあるのみならず、社会状態がそうなって居る。これが為めに不良行為なり犯罪行為なりを現出するのである。人に二個の中心（善悪）があるとか、または「エネルギー」なるものがあって云々ということは哲学者、宗教家、倫理学者の論ずる問題であるが、刑事学者はこれらの問題からは犯罪や不良行為を論ぜないで、主として自然的社会的の三大原因に求めるので、今論ぜんとするのは個人的原因である。その個人的原因に付いては幾個もある。左に述べて見よう。

一、男女性を異にすること

男女に依って犯罪数が違う。日本では百人の犯罪人中女は十二人である。欧米各国おのおの差があるが、概括していえば犯罪者中女は百分比例の二十人である。それから感化院にある男女の比例を見ると、英国の実業学校の生徒は男が七十六人、女が二十四人である。感化学校の方は男が八十八人、女が十二人である。米国は男が七十八人で女が二十二人である。

米国に於いて割合に女の多いのは二十一歳以下の未成年者は監獄へ送られずして悉く感化院へ送るのに原因するのである。実際、米国では女の犯罪人は各国に比して、より少ないのである。概ね男子は犯罪を多くし、女子は少なくするというのは全く個人的原因に基づいて居る。なぜ男子が多く犯罪して女子が少なく犯罪をするかというと、これには大いに理由の存することである。一つは女子は家内にあって社会にあまり出ない。男子は社会の事物に触れることが多い。家庭外に在って多くの事件に遭遇すると自然と犯罪をすることが多くなる。それは男女が社会状態を異にして居る訳で、女は活動範囲が狭いから犯罪が自然と少ないのである。その証拠には日本の女子は百分比例で十二人で西洋各国の女子は二十人というのは西洋の女子の方が活動範囲が広いからである。アメリカの如きは小学校教員も半数以上女である。また慈善院などの教師なども婦人が多くやって居り、監獄の医者でもその他の弁護士または普通の医師でも何でも彼でも女子が社会の事務に多く関係するからである。これが個人的原因の一理由をなすのである。

二、生理的状態を異にすること

男女によりて生理的状態が異なる。男は腕力が強いが、女は腕力が少ない。それで強盗や殺人罪を犯すには腕力を要するのである。であるからその生理的状態が違えば自ら犯罪の性質を異にするのである。

三、体質を異にすること

女の犯罪は屋内窃盗、万引等であるが、生命犯としては割合に殺人罪が多い。論者或いは言うならん、女には殺人罪が多いと言うが女は腕力が無いから人殺しは出来まいと。しかしながら同じ殺人罪にも色々あって、女は毒殺または嬰児圧殺などをする。これらは時として腕力を要するのである。それで女性には強盗だの詐欺取財だのは少ないが、堕胎、嬰児圧殺、毒殺など多い。つまり一般犯罪の上からいえば男は八十人、女は二十人くらいであるが、殺人罪はどうかというと百分比例の三十八くらいである。そういう風にして男女の別に依って罪質が違って来るのである。感化院でも男は比較的早く感化するが、女は感化がしにくいのである。監獄で扱った経験に依れば男三人と女一人の割合で、それでも女の方が取り扱いがしにくいというのである。斯様にして女は感化がしにくいのみならず、容易に犯罪生活に入らぬが、一旦犯罪をすると容易なことではやめない癖がある。その例は英国の感化院を退院した中で男子で改善した者は百分の七十九であるが、女子の方は七十六しかない。それから工芸院の統計に依ると男子で改良した者は百分の八十六であるが、女子は八十三しか無い。そこで男女の生理的原因を異にすると、従って罪質が違って来るのは注意すべきことである。

四、年齢を異にすること

年齢に依って犯罪の異なることは男女に依ってその犯罪が異なると同じである。人の犯罪をなすは大体に於いて十歳以上二十五歳の間に多くするのである。しかしながらこれは大切の問題であるから大家の調査をここに御参考に供しようと思う。イギリスのプレストン監獄の教誨師クレー［Walter Clay］は非常に有名な監獄学者で、しかも宗教家である為に啻だに学者的の頭のみならず温かなる情を以て居る人であるが、この人が有名なシャフツベリ伯爵［Anthony Ashley-Cooper, 7th Earl of Shaftesbury］（社会改良家）に送った手紙の中にこういうことを言って居る。犯罪者の百分比例の五十八は十五歳未満で犯罪行為を為し始めるものである。十四は十五歳ないし十六歳の間に、その八は十七歳ないし十九歳の間に、而してその二十は十九歳と二十歳との間に犯罪をするものである。勿論今日の統計に合わぬところもあるが、要するに犯罪者の多くは二十歳以下の者が多いのである。またフランス「イタリア?」のマローという学者が五百七人の犯罪者につきその初犯者の年齢を調査せしに左の如くである。

十歳未満	一・五
十一歳ないし十五歳	一七・〇
十六歳ないし二十歳	三六・一
二十歳ないし二十五歳	二〇・一
二十六歳ないし三十歳	七・一
三十一歳ないし三十五歳	五・一
三十六歳ないし四十歳	三・一
四十一歳ないし四十五歳	二・一

四十六歳ないし五十歳	二・三
五十一歳ないし五十五歳	二・一
五十六歳ないし六十歳	〇・八
六十一歳ないし六十五歳	〇・八
六十六歳ないし七十歳	〇・二

この統計に依って見ると最も若い時と年を経った時が犯罪の最も少ない時で、最も多いのは十五、六歳から二十五歳であるということの論結が出来る。これは学者の調べであるが、また監獄事業と慈恵事業に実際身を投じて居るニューヨークのブロックウェーの調査に依ると、ブ氏の父が監獄の役人であって、ブ氏は監獄の官舎で生まれ長じて有名なる「エルマイラ」感化監獄を建てたのであるが、この人が「エルマイラ」監獄を建てた動機が面白いのである。北米合衆国の十五の監獄を選んで十万五十八人の犯罪者に就いて年齢別を調べて見たところが左の通りであった。家庭の感化なき者五万八千百五十九人、家庭と関係を有して居って犯罪した者四万千八百九十九人、この家庭と関係を有する者の年齢別を調べて見たところが

十九歳ないし二十歳	百分比例　一六・〇
二十一歳ないし三十歳	四二・〇
三十歳以上	四二・〇

こういう統計を得て見ると三十歳以下の犯罪者が百分比例の五八・〇である。そこで三十歳以下の者を収容する感化院を建てたら宜かろうというので、ニューヨーク州のエルマイラという所に感化監獄を建てたのである。それから我が国の監獄統計は如何というに

明治三十二年に於ける重軽罪を犯して入監したる犯罪者比例別

十六歳未満の者	三千五百八十八人
十六歳ないし二十歳の者	一万七千五百八十六人
二十歳ないし二十五歳の者	三万二千三百四十九人
二十五歳ないし三十歳の者	二万九千四百九十九人
三十歳ないし四十歳の者	三万四千四百六人

四十歳ないし五十歳の者	二万千九百五十一人
五十歳ないし六十歳の者	九千二百四十三人
六十歳以上の者	二千七百六十六人

以上列挙した統計から年齢別を取れば

十六歳ないし四十歳の者	七五・二
十六歳ないし三十歳の者	五二・四
二十歳ないし三十歳の者	四〇・八
十六歳ないし二十五歳の者	三三・九

これで見るとブロックウェー氏が取った統計と彷彿《ほうふつ》たるものである。そこで年齢に依って犯罪をすることに多少のあるのは個人的の原因によるのである。故に感化院とか感化監獄とかいうものが特別に組織されて行けば、悪い者が自然と減るのでありますから、我が国では

まだ青年者の為に感化監獄の無いというは我が刑法の一大欠点である。これはアメリカやイギリスに率先されて居るのである。どうして二十歳以下の者に犯罪者が多いのかと研究して見ると、一は無経験ということが原因になるのである。二は勇気が有り過ぎてそれを制御する力が無いことに帰する。三は未熟ということである。体力も十分発達して居らず、智慧も進歩の途中にあるが故に、無論道徳性は発達して居ないので、この三つの原因が参差錯雑《しんしさくざく》して不良行為をなす原因になるものである。そうして十七、八から二十歳くらいの時は「子供上り」の時期であるから、この時期が人間の一生涯に取りては最も注意を要する時期である。それ故に余はこの時期を名づけて「人世の瀬戸」と称して居る。この瀬戸を無事に通り抜ける者は姑《しばら》くは宜いが、また家庭を組織してから一の変化が来る。そうしてまた四十歳くらいになると所謂中老でこの時がまたむつかしい。支那人も晩節を全うすることは難いといったが、誠にその通りである。しかし人間の一生涯中で最も注意を要するは十七歳から二十歳くらいの時であると思う。この瀬戸を難破しないようにして通らせることが親権を有する者や教育を掌《つかさど》る者の特に注意を要するところと思う。

五、遺伝および家族の状態

彼のダーウィン［Charles Darwin］が出て進化論を唱えた。その根拠はいずれにあるかといえば、遺伝というのである。先天的にせよ後天的にせよ獲得したる習慣は遺伝にありと論じた。遺伝を斯様に論じられると社会改善に従事する者は困るのである。というのは人の改善には遺伝が何処までも影響して教育の力も及ばぬとなると、骨を折る価値がなくなるのである。殊に犯罪骨相などの論が出るといよいよ困る。ところがまたドイツにワイスマン［August Weismann］という進化論者が出て、遺伝というものは左程恐ろしいものではない、その理由とする所は後天的に獲得したる特性は遺伝するものではないという論である。そこでダーウィンの説と大いに衝突してヨーロッパでは一時やかましくなったのである。遂に学者間の論が盛んになって長い間の論争であった。例えば後天的に獲得したる成る特性、即ち目明きであった者が怪我をして盲目になったけれども、その子供はやはり目明きが生まれる。また性来親が盲目であっても目明きが出来る。それは如何なるものかというと後天的局部の遺伝は伝染しないという学説である。例えば支那婦人の足は片輪にするのであるが、その子はやはり普通の足で生まれる。ところが細胞を通して有機体の全部を侵した遺伝は子孫に遺伝をするのである。例えば酒を飲んで身体を壊した者はその子に遺伝するのである。それで酒飲みの子供が不良少年や白痴になる。梅毒もまた有機体の全部を侵すのであるから遺伝をする。しかし肺病などは有機体の局部のみを侵して居るのであるから遺伝せないという説が出て来た。それで全く後天的に獲得した習慣は遺伝せぬが有機体の全部を犯したものは遺伝するというのである。しからばその遺伝したものは癒らぬかというと、良い境遇に於いて、良い教育を施さば必ず直るのである。良い境遇とは如何なる所であるかというに、慈善院とか学校、教会、寺院、家庭というようなもので、善い場所へ置けばその境遇の刺激に依って遺伝の勢力を減却することが出来る。故に教育と境遇の力に依れば如何なるものでも良くなることが出来るという論を立てることが出来る。前に善悪は多く後天的に起こるということを述べたが、参考として今二宮翁の論を挙ぐれば、翁曰く。

儒に至善に止まるとあり。仏に諸善奉行といえり。然れどもその善という物如何なる善ぞという事慥《たし》かならぬ。故に人は善を為すつもりにて、その為す処皆違えり。

とある。私がロンドンの実業学校（感化院の一種）を参観した時に院長の話に、あの娘を御覧なさい、十歳ばかりですが、近頃這入って来ました、然るに或る時十銭くらいの野菜を買いにやりましたら二十銭ほどの物を持って帰りました、これはどうも多いではないかといったら十銭だけは買いましてあとのは掻《か》っ払《ぱら》って来たのですといったそうであります。ところが院長は吃驚《びっくり》して、それは甚だ不都合だ、盗むということがあるものかというて叱ったらその娘は泣き出した。私の家では窃《ぬす》んで来ると阿母《かあ》さんが褒美《ほうび》をくれるのにここでは叱られるといったそうであります。それからこういうことがありました。私の学校の近所の畑に来て一人の女が南瓜《かぼちゃ》を窃んで居る。その傍に十歳と八歳くらいの子供が二人立番をして居る。私の家内がそこへ通り掛かるとその子供が泣き出すのである。そうするとその女が知らぬ顔をして畑から出て来るのである。あとから段々考えると二人の子供が見張りであるから、常々その母親が子供等に人が来たら泣けと教えたものと見えます。そういう風に訓練を加えたものは泥棒になるのは当然で、それを法律で罰するのは間違って居るので、罰するならばその親を罰して子供は相当の場所で教育してやらなければならぬのである。また二宮翁の善悪論にこういうことがある。

夫《そ》れ元善悪は一円なり。盗人仲間にては、能く盗むを善とし、人を害しても盗みさえすれば、善とするなるべし。然るに世法は盗を大悪となす。その懸隔《けんかく》この如し。而して天に善悪あらず、善悪は人道に立てたるものなり。譬《たと》えば草木の如き何ぞ善悪あらんや。この人体よりして、米を善とし莠《はぐさ》を悪とす。食物になると、ならざるとを以てなり。天地何ぞこの別あらん。夫れ莠草《ゆうそう》は生ゆるも茂るも早し、天地生々の道に随うこと、速《すみやか》なればこれを善草というも、不可なるべし。米麦《べいばく》の如き、人力を借りて生ずるものは、天地生々の道に随うこと、甚だ迂濶《うかつ》なれば、悪草というも不可なかるべし。然るにまた食うべきと食うべからざるとを以て善悪を分つは、人体より出でたる癖道にあらずして何ぞ。この理知らずはあるべからず。夫れ上下貴賤《きせん》は勿論貸す者と借る者と売る人と買う人とまた人を遣う者人に遣わるる者に引き当て、よくよく思考すべし。世の中万般の事皆同じ。彼に善なればこれに悪しく、これに悪しきは彼によし。生を殺して喰うものはよかるべけれど、喰わるるものには甚だ悪し。然りといえども既に人体あり。生物を喰わざれば生を遂ぐること能わざるを如何せん。米麦蔬菜《べいばくそさい》といえども皆生物にあらずや。予この理を尽くし「見渡せば遠き近きは無かりけり、己れ己れが住処にてある」と詠めるなり。されどもこれはその理を云えるのみ。夫れ人は米食い虫なり。この米食い虫の仲間にて立てたる道は衣食住になるべきものを増殖するを善とし、この三つの物を損害するを悪と定む。人道にていう処の善悪はこれを定規とするなり。これに基づきて諸般人の為めに便利なるを善とし、不便利なるを悪と立てし物なれば、天道とは格別なること論を待たず。然りといえども、天道に違うにはあらず、天道に順いつつ違う処ある道理を知らしむるのみ。

これはやはり西洋でもホッブスの如きはそういうて居る。また我が国でも［荻生］徂徠先生の如きは同論で、便利なるものは善い、不便利なるものは悪い、善悪は人間の為になるかならぬかで極まるのである。そういう風に考えると善悪は後天的のものでなくてはならぬ。人間の便利になるものを善とし、不便利なるを悪とする。つまり善を作り悪を作るは人間の作用である。それで二宮尊徳翁の如きは渾身の精力を振るって勉強すれば善人になることが出来るといったのである。不良少年もしくは堕落した者を感化する上に於いて遺伝の力は慥《たしか》にあるが、遺伝だといって何も左様に恐るるには足らぬ。人を感化する上に於いては境遇と教育の力が全勝を占めるということは正論であると思う。それでお互いが学問をするのは実際に付いて事業をする為なのであるから、この確信を以てやらなければ到底成功はしないのである。感化事業に従事する者の心得べきことは、如何なるむつかしきものでも後天的に獲得したる積弊《せきへい》であれば教育の力によって必ず改善することが出来るということを確信して、その天職に励まねばならぬ。遺伝の力は人力の如何ともすることが出来ぬといって躊躇《ちゅうちょ》するようではとても目的を達することは出来ぬ。感化事業の徹底は飽くまで精力主義で忍耐に忍耐を加えて最後まで奮励《ふんれい》せねばならないのである。

第三編　不良少年の類別

第一章　その種類

不良なる家庭と児童▽英国に於ける感化学校▽不良少年の種別▽窃盗児▽怠惰児▽乱暴児▽浮浪児

（イ）法律上の区別

改正感化法に拠ると、一、不良の行為を為し、またはこれを為すの虞《おそれ》ある者、二、十八歳未満の者にして親権者または後見人より入院を出願し地方長官に於いてその必要を認めたる者、三、裁判所の許可を得て懲戒場に入るべき者、この三種類になって居る。近来感化事業の一大傾向は責任年齢を延引《えいいん》することと、また不良行為を為さないでも放って置けば不良行為を為すに至る虞ある者も入れるようになって居る。例えば母親が淫売婦であり、父親が泥棒であることが分かって居る時はこれを説得して、その子供を感化院に入れることもある。

また親権を行う者なき者は感化院に入れて予防的の処置を採らなければならぬのである。しかしながら我が感化法の規定する所によれば、地方長官が認定せないならば如何なる子供も入院さすることは出来ないのである。旧刑法によれば裁判所を通して感化院に送ることになって居ったが、今度の改正感化法は府県知事の認定で入院を命令することが出来るようになって居る。これは一大進歩であると思う。この事につきては少年犯罪者のことを述べる際に尚悉《くわ》しく述べようと思う。感化法二項の十八歳未満の者で親権者または後見人より出願あれば必ずしも入院を許すのでない。第三は裁判所の許可を得て入院させるのは民法の規定に依るものであるが、民法に謂う懲戒場はまた出来ていないのである。それで監獄内の懲治場に託することも出来、感化院へ入れることも出来、或いは座敷牢を造って入れることも出来るのである。我が感化法はこの三つになって居るが、イギリスのは余程綿密の規定がある。それは

裁判所は左に掲ぐる児童を感化学校に収容するの命令を発することを得。

甲　十六歳未満にて懲役または禁錮に該当する行為をなしたる児童にして。

一、かつて懲役または禁錮に処せらるべき行為ありたるとき。

二、年齢十二歳以上なるとき。

乙　十五歳未満十歳以上にして実業学校に収容中故意に校則を犯せしとき（仮退校その他一時校外にありし時もまた同じ）

丙　十六歳未満の男児にして十三歳未満の女児を姦淫し、または姦淫せんとせしとき。

これは今から十六年前（千八百九十三年）に極めて、始めはまず十日間監獄へ入れてそれから感化院へ送って居ったが、これは必要がないというので十年前（千八百九十九年）から直ちに感化学校へやることに改正した。次に実業学校へ収容する規定を示さば。

裁判所は左に掲ぐる児童を実業学校に収容するの命令を発することを得。

甲　十四歳未満の児童にして。

一、現に乞丐の事実あり、もしくは物品販売を口実として金銭を乞い、または乞食の目的を以て公園または道路に徘徊せしとき。

二、一定の住居宿泊所なく、または相当の保護者もなく、且つ生計の手段を有せず漂泊せしとき。

三、孤児または両親の懲役または禁錮に処せられしものにして養育の道なきとき。

四、盗賊の聞こえあるものと相往来せしとき。

五、売淫婦またはその聞こえあるものと同宿し、またはその売淫する為に出入する家庭もしくは売淫婦のしばしば往来する家庭に居住せしとき。

六、売淫婦と相往来せしとき。

乙 十四歳未満の児童にしてその母親が犯罪予防法に規定せる犯罪をなし、且つ再犯以上にして処刑の際その監督の下に在りて他に生計の手段もしくは適当なる保護者なきとき。

丙 かつて重罪（スコットランドにありては窃盗罪）に処せられしことなき十六歳未満の児童にして禁錮の刑に処せられしとき。

丁 十四歳未満の児童にしてその父母または後見人より監督することを得ざるものと

して入校を裁判所に出願せしとき。

戊　貧民院または貧民学校に在る十四歳未満の児童にして性質不良なりとし、またはその父母のいずれか懲役または禁錮の刑に処せられしに依りて救貧委員に於いて入校の必要ありとし裁判所に申請せしとき。

己　十三歳未満五歳以上の児童にして父母たる者正当の理由なくして初等教育を怠り、またはその児童にして常に漂泊しもしくは正当なる監督者の下に在らざるとき、またはその児童が浮浪者無頼漢犯罪者と目せらるるものと往来する時に於いて初等教育法に依り通学命令を受くるもこれに違背《いはい》せしとき。

庚　十三歳未満五歳以上の児童にして実業昼学校に通学命令を受くるも出校せず、また出校するも故意に校則に違背せしとき。

英国に於いては斯くの如き綿密なる法律が出来て居り、我が国のは漠然たるものではあるが、重《おも》に法律で仕事をせずして人物で仕事をしようという立法者の意志であるから、警察官なる人またはこの事業に従事する人物が能くなければ無意味に終わるのである。即ち今度の講習会を開かれたのもそこに原因して居るのである。

（ロ）学術上の区別（留岡式区別）

一、窃盗児、二、惰怠児、三、乱暴児、四、浮浪児、これは私が過去十年間直接少年を取り扱って見て類別した法式である。まず

（一）窃盗児に就いて述べんに、不良少年の内窃盗児は百分の七十くらいあると思う。如何なる児童が窃盗児であるかというに、まず小学校の児童ならば学校品を盗む。或いは商家の子供ならば銭函《ぜにばこ》の金を胡麻化《ごまか》し、または飲食物を親の留守などに窃取《せっしゅ》するというようなことである。或る時私がこの類別法で教育会に於いて講演した所が、或る教育家の質問になぜその中に嘘言児を入れないかとのことであった。さりながら私の経験によると、物を盗む子供で嘘を吐かぬ者は一人もない。故に窃盗児の中に嘘言児が包含してあると見て宜しい。窃盗の上手な子供になると十二、三歳からして早や大人を胡麻化すのである。かつて我が家庭学校へ入校した十二、三歳の子供があったが、これは終いに感化し終わらせずして退校した

が、学校の金品を盗んで十数円くらいも買い喰いをした。その買い喰いの内には汁粉もあり、氷水もあり、牛肉もあったが、一々金額《かねめ》を精算させた所が教師もそれに違いないということであった。しかし私が見る所によるとどうも嘘らしい。何遍言わせて見ても同じように繰り返す。また夜も遅くないから事実を吐かなければ買い喰いした家を一々尋ねて行くがどうかといった所が宜しうございますという。それから教師が提灯を点けて一丁ほど連れて行くと後戻りをした。どうしたのかというと全く嘘を申し立てたのであるというて事実を審《つぶさ》に白状した。余程用心しないと教師すらも時々欺《だま》されることがある。それであるから不良少年となった者は一回や二回の訓戒で容易に改良するものではない。幾多の苦心と忍耐と研究とが必要であることを覚悟しなければならぬ。

（二）惰怠児に付いては、諸君は十分に御経験があるであろうと思うが、横着なること限りの無いほどである。彼等は十五分と仕事を続いてやることは出来ぬ。私の処では十五分間熱心に仕事をするようになると改良の端緒に就いた者と認識することになって居る。その怠惰さ加減は女の先生が井側で洗濯をして居るとその側で見て居るのである。参考のためにでも見て居るのであるかと思うとそうではない。無意味に茫然《ぼうぜん》として居るのである。井側で見飽が来ると今度は畑の畔《あぜ》に立って見て居る。そうかと思うとまたふいと他に行くという風で、詰《つづま》る所それは極ったことをするのを嫌がるので結局何もしないのである。少し能くなったと思って外の学校へ通学をさせると直ぐにまた他へ転学を願い出ずる。ちっとも忍耐力がないのである。この惰怠児の中には馬鹿のような者もある。英語に「ドルマント」という（人の能力が眠って居るという意味）言葉がある。彼等はそれであると思う。しかしこれは総ての不良少年を通してのことであるが、なかんずくこの惰怠児は著しく不活潑である。教場で一時間と勉強して居ない。それで学科時間の一時間を三十分にしましたが、それでは能く勉強しない。そうして彼等の多くは教場へ来ると直《じき》に居眠りを始めるのである。甚しきは体操をしながら眠るのである。これは身体の加減にもよるのであるが、一方より見れば「ドルマント」の状態にあるからである。しかしまた中には電光石火の如く鋭いのも居る。しかし彼等の最も鋭敏なのは食事の時である。学科時間十五分前に鐘を撃つことになって居るが容易に教場に出ない。しかし食事の時ばかりは決して督促を待たない。その証拠は鐘を鳴らさない中から食堂に詰め掛けて居る。私のところでは基督《キリスト》教を以て感化の中心として居るから食事の時は必ず感謝の祈禱を捧げ、それが済んでから食事をするのであるが、またその感謝が済まぬ中に箸を取る者がある。これが惰怠児の一の特性である。啻だにその食事が鋭敏であるのみならず非常に大食をするのである。私の学校では罰則が色々あるが、減食が最も重い罰になって居る。食うことばかり考えて居るものには減食することはなかなかに効能があるのである。私が外出して夕方帰ると各教師が日記を付け、その日の出来事が記してある。その中に減食六杯というのがあった。これは書き違いではあるまいかと思って受け持ち教師に尋ねるとその通りだという。然れば平生はどの位食うのかというと、十二杯食べるという。十二杯食う生徒は一人であるのかというと、外にも段々あるという。不良少年は食うことだけはなかなか鋭敏だが、働きはすこぶる鈍いのである。働かぬ者に限って余計にものを食う僻《へき》がある。彼等を畑へ出して草でも取らせて見ると、話は盛んにやるが手は少しも働かぬ。この「ドルマント」の少年を如何にして感化するかということは矯正策のところで述べようと思う。

（三）乱暴児、この乱暴児というのはどういう性質の者でどういう風に乱暴の程度が進んでくるかというと、まず初めは「ナイフ」を持って畳を切ったり、或いは「テーブル」を削ったり、障子の桟《さん》を打ち壊したり、硝子窓を打ち破る等の乱暴をして居る。それが高じて来ると今度はその乱暴が動物に移って、鶏《にわとり》の尾を引き抜く、或いはこれを蹴合わす、犬の尾と尾とを括《くく》り合わしてぶんなぐるとか、終いには猫犬を打ち殺す。即ち動物に向かって虐待をするのである。それがまた増長して今度は人間に向かって乱暴を働くようになる。或いは自分の妹や弟を苛《いじ》めたり、近所の子供を苛めるようになり、それがまた段々進むと今度は大人に対してやる。或いは婦人などが通ると悪言悪戯をする。そうして終いにそれから段々進んで無暗に人を殴るようになる。こういう子供を感化矯正せずして放って置くと、或いは他人を殴打し、または致死せしむるような大罪を犯すに至るのである。かかる乱暴児は必ずしも窃盗をするものではないが、なかなか猛烈であるから容易にこれを取りひしぐことは出来ない。我が校に来た生徒の実例は随分沢山あるが、その一例を話さば、創立の際にクロポトキンという綽名《あだな》を取った少年と、今一人は最早《もは》や兵隊になって立身して居る少年で非常に力の強かったのがなかなか烈しい喧嘩をする。クロポトキンの方は身体は小さいが斬ったり突いたりすることに妙を得て居る。兵隊になって居る方はぼんやりして居るが力が優れて居る。ところがどっちも刃物を持って烈しく喧嘩をやり出した。教師達はこれが鎮撫方に困難して手を出すものがない。そこで私は身体の大きい方を捕えて刃物をもぎ取り、喧嘩を止めないから渾身の力を出して地上に投げ付けた。それから後というものはその少年は乱暴をしても勝てぬという考えを起こしたか余程おとなしくなった。その生徒が或る夏新しき浴衣を着て泥溝に這入って出て来ない。側へ行くと泥をはねるから誰も行くものがない。それを私が行って引っ張り出したことがある。これは他の例であるが、或る時熊本癩病院《らいびょういん》の創立者であるミス・リデル［Hannah Riddell］という人が私の所に来られて校内を案内して居る最中恐ろしき音がして硝子窓が壊れた。行って見たら生徒と先生と取っ組み合いをして、とうとう先生が組み敷かれて居るのである。その時ミス・リデルが今のは何であったかと尋ねたから、誠に面目ないことであるが、こういう次第であるといったら吃驚《びっくり》して居られたことがある。そういう風に乱暴児は始末に終えない。しかしながらどっちかというと感化は窃盗児よりも仕易いのである。それから不良少年の中には放火をする児もあるが、私はこれを乱暴児の中に入れて居るのである。

（四）浮浪児、これは始終うろうろして歩いて居るので、多くは家庭が無いから堂宮《どうみや》に寝る習慣が付いて居る。今一つは立派な家があってもそこに居らずしてうろ付いて居るのである。例えば都会ならば電車や自転車に乗って歩き廻って居る。そうして時として借る金がないと自転車を盗む。それは窃盗の目的ではない。自転車に乗りたい為である。それから始終汽車で旅をすることを好む者がある。この種の者はかつて十二、三で私の所へ来た者の内にある。或る日その少年の実兄が来て、只今馬関《ばかん》の警察署から電報が掛かって来たと狼狽して居るから、段々聞いて見るとこの少年は始終汽車で日本国中を歩く癖がある。初めは極く近いところへ汽車で行って愉快を感じたので、馬関の通し切符を買って、終いに馬関の警察で押さえられたのである。この少年が入校してから或る日問うたことがある。そういうことをして何が面白いかと。するとその少年は、汽車がずんずん進んで往くと場所が変わる、人が始終出たり這入ったりするのでそれを見るのがなかなか面白いというのである。相当の家の子供で浮浪漂泊の結果、終いに金が無くなって泥棒の仲間入りをするものはその例少なからずである。こういうことを御話しすれば沢山あるが、とにかくこの身分ある家の子で浮浪して居る者はどうするかというと、これは詐欺をやる。宿屋へ泊まって金が無くなると宿屋を食い潰して逃げ出すのである。そうして段々堕落すると木賃宿に泊まって掏摸や泥棒と交わるから、今度は本統《ほんとう》の悪漢となるのである。以上陳述したることはほんの大別であるが、総ての不良少年は概ねこの四つに類別することが出来ると思う。それで彼等の中には窃盗専門の者があり、乱暴と浮浪と窃盗とを一人で兼ねて居る者もある。一の専門を以て居る不良少年などは感化も仕易いが、専門を幾何も持って居る少年は感化がなかなかむつかしいのである。

第四編　救治制度

第一章　司法権を以て処遇すべき者

叩く前に三たびこれを戒告せよ▽微罪不検挙▽起訴猶予▽刑の執行猶予▽試験官と執行事項▽少年裁判所とその成績▽家族制度と兵営制度および家庭委託制度

司法権を以て取り扱うというのは英語での所謂「アドモニーション」（戒諭）で、これは西洋各国に昔からあるので、「叩く前には三たびこれを戒告せよ」という金言がある位である。この精神は今から二、三百年前の欧米各国の法律中にはいずれにもあるのである。そこで司法権を以て取り扱うことを戒諭《アドモニーション》というのである。現に我が国では司法権で処遇する戒諭に三種類の取り扱いがある。その一は微罪不検挙。その二は起訴猶予。その三は刑の執行猶予であるが、なぜ微罪不検挙なり、起訴猶予なり、刑の執行猶予などいう方法が我が刑事界に這入って来たかというと、そのここに至った重《おも》なる原因は、監獄が犯罪人を繁殖させるということに気が付いたからである。これは実に経験に基づいたる確実の論であると思う。

今の監獄は自由刑を執行する。自由刑なるものは世の中で悪いことをした犯罪者を監獄へ拘禁して自由の利かないようにするのである。それはいつ頃から始まったかというと、十八世紀の始めにヨーロッパに於いて種々様々に犯罪人を罰する仕方があったが、その制度は拘禁制度《ペニテンシャリーシステム》というので、とにかく悪いことをした者は悉く監獄へたたき込むというので、これが犯罪人を蕃殖《はんしょく》せしむる大なる原因になったのである。ところが二、三十年前から拘禁制度で犯罪人を悉く監獄へ入れるのは甚だ悪いというので、これに代用する制度を研究するようになった。それ故になるべく監獄へ入れずして罰する方法はあるまいかと種々に考えるようになった理由の重《おも》なるものは、百人監獄へ入れると七十人くらいは必ず悪くなる。いわば政費を以て泥棒を養成するようなものである。そこでどうか監獄に入れないようにしたらよかろうというので、微罪不検挙とか、起訴の猶予とか、刑の執行猶予の如きものが発明されたのである。犯罪人の増加する所のものは、風引《かぜひ》きみたような病人と肺病患者と同じ処へ入れるから肺病になると同一で、微罪を犯したる者を監獄へ入れるからである。それで斯かる微罪者は監獄の外で取り扱った方が宜かろうという理想から、前申す三つの司法的処遇方が案出されたのである。この外罰金を科して監獄に入れない方法もある。それから警察で威嚇して将来を戒めて放免するのと、その次は感化院へ入れて教育するのとである。それから極く自由な方法ではあるが、少年者を宗教家や篤志家の家内に預けること等であるが、以上申し述べたこの六つの処遇法は監獄の外で微罪者を取り扱う方法である。余はその中の三つである微罪不検挙、起訴猶予、執行猶予につき左に今少し詳しく述べたいと思う。

一、微罪不検挙＝微罪不検挙とは検事の監督内に於いて警察官がこれを執行するのである。例えばここに微罪を犯した者があると検事に送る。それを検事が起訴して判事に送るのであるが、こんな微罪の者を判事に送って監獄へ入れる時はより悪き泥棒になって出るに相違ないから止めようというので、検事の手心で警察官にこれを託して不起訴にするのである。勿論それには条件を付ける。将来再び悪いことはせないというので、而して放免するには能く戒めてこれを警察官に渡すのである。しかし、もし謹慎中に悪い事をすると今度は起訴するのである。前に述べたる如く微罪の殖えるのは法律が繁雑になるからである。しかも軽微な法律が多く殖えて行くということは微罪の殖えて行く原因になる。その殖えて行く法律から起こる罪人を救うというのには微罪不検挙や、執行猶予が必要である。短期自由刑の執行而してまた罪人の殖える基となるので、私が巣鴨監獄で教誨師をして居る時分に度々来る奴があった。お前はまた来たかというと、はい、ちょいと入りにまいりましたという。あたかも風呂にでも入るように思うて居る。そういう風に短い時間刑罰を加えても何の役にも立たぬのである。これは短期自由刑の弊害である。それを救うには司法制度でやることが必要である。今一つは国家の経済上からそういう微罪を犯した者を大勢入れて養うことは不経済である。寧ろこれを謹慎さして稼業に従事させて行くことになればよいのである。も一つは監獄へ長く罪人を拘禁することは家庭を壊すことになる。監獄へ来る者がもし主人であって働かなければ妻子は生活することが出来ぬ。それで刑期が満ちて監獄から出て来る時は家庭が壊れて妻子は既に離散して居る。そこで西洋各国では免囚保護の一方法としてその家族を保護しておるのである。そういう方法を執らないでも起訴猶予をやれば犯罪人を働かして謹慎せしむることが出来る。従って家庭を破壊するようなことはない。だから微罪不検挙はどの点からいっても利益があるのである。

二、起訴猶予＝検事が起訴の手続をすると罪人となるが、情状を酌量すべき点があると起訴をすることを猶予してやる。本人に向かって、お前は本刑に問えば六箇月行かなければならぬ、それではお前も社会に面目を失うことになるから六箇月間訴えを起こさずして見て居るから、その間に改心したら訴えを起こさないがどうかというので、起訴を猶予することは非常な恩恵的である。大抵の者ならその期間に改心するに相違ない。これは検事の手心でやるのである。

三、刑の執行猶予＝これは検事が起訴すると、判事が判決を与えて刑期が極まる。そうすると直ぐ監獄へ送られるのであるが、検事は刑を執行することを暫く猶予して置くので、これが二つの制度になって居る。アメリカでは試験官というものが条件付裁判に附帯してあってこれを取り締まるのであるが、ヨーロッパ大陸の刑の執行猶予には試験官なくしてやって居る。我が国でも既に先年刑の執行猶予を法律となし、今現に実行して居るが、我が制度はヨーロッパ大陸の方法に倣って試験官を置かないで警察に頼んで監督をさせて居る。成績は悪い方ではないが、アメリカの如き好成績は挙がらない。これは不完全の統計ではあるが、その成績を見ると、明治三十八年四月より四十年三月までの統計で一年以下の禁錮刑に処せられたる総人員が四万八千四百九十一人で、自由刑の執行猶予の恩典に浴した者が六千八十二人、その中不成績の者、行衛不明《ゆくえふめい》の者、或いは刑の執行猶予を申し渡した後前科が現れて取消された者が三百十二人あるので、差し引き五千七百七十人は全く成績の良い者である。この成績の良い者と悪い者と百分比例に取ると九四・八が成績が良いのである。これを監獄にやったならば七十人までは悪くなって出て来るのである。ところが刑の執行猶予に依ってこれだけのものが救われるのである。勿論これは短い間のことであるから一般は分からぬ。行刑猶予がどこまでも果たして斯の如き成績であるかどうかは疑わしいのである。警察署長に聞くと、犯人がその期間内は謹慎して居るが、期間を過ぎるとまた悪くなる傾があるといって居る。それでどういう犯罪に向かって刑の執行猶予、微罪不検挙、起訴の猶予等をするかといえば、賭博犯、殴打、官吏侮辱罪。時に官吏侮辱罪などは必ずしも罪人といえぬことがある。故にこういう簡易の方法を以てこれらの犯罪を処分することは善いことである。委託金費消などでちょっとこの金を預ってくれと頼まれて、つい便利だから使ったというが如き性質のものであり、また窃盗でも子供が養いかねるとか、妻が病気で困って居るとかいう時に単物《ひとえもの》一枚盗んだというような軽微なる犯罪で酌量すべき事情ある者に向かって執行するのである。

我が国に於ける行刑猶予のことは以上述べた如くであるが、そもそも行刑猶予とは「プロベーション・システム」というので、これを直訳すれば試験制度となる。この制度は千八百七十八年に北米合衆国マサチューセッツ州に制定せられたのであるが、最初これを不良少年や未丁年犯罪者に向かって適用したのである。ヨーロッパ大陸では刑を猶予するのであるが、アメリカのは裁判を猶予するのである。そうしてアメリカには試験官というものがある。この試験官なる者は裁判官であって同時に警察権を保有して居る。また時としては犯罪人に対して教師のような職務を持って居る。また労働紹介のようなこともする。またその者の後見人見たようなこともする。友達のようなところもある。アメリカの試験官は純然たる役人であって、また一方より見れば平民見たような所もある。そういう役人が猶予を受けた者を世話して居るのであるから成績の善い筈である。まず裁判所に一人の軽微な犯罪者が現わるると裁判所の書記が試験官に向かって、何州何郡何村の誰が軽微なる何罪を犯して明日裁判になるということを通知すると、試験官は直《じか》にその犯人についてその本人が犯罪するに至るまでの教育および家庭の模様等を一切調べて、判事が判決する材料に供し、且つ意見をも附加する。その意見というは一例を挙げれば、この子供は親が非常に虐待をする結果他人の物を盗むようになったのであるから、親の家を離して感化院へ入れるか、但しは親戚に預けるのがよかろうというような風である。勿論判事は試験官の意見に重きを置くのである。そうしてその何箇月かの、猶予を受けると犯罪人の監督は試験官の手に移るのである。そうすると試験官は犯人に対して左の守るべき事項を申し渡すのである。

一、正業に勉励すること。
二、品行を方正にして人と争わざること。
三、時と処とを問わず試験官の要求に応じて近状を報告すること。
四、裁判所の請求に依りて郡費を支払うべきこと。
五、住所を転じたるときはその由を直ちに試験官に通知すること。
六、これらの事項に違犯する時は裁判所は直ちに刑罰を執行すること。

こういう遵奉すべき箇条を申し渡して試験官の手に移すのである。そうなった罪人はどうするかというと、私は職業が無いが、どうしたものでしょうと試験官に相談すると、試験官が職業を捜してくれるのである。そうして職業に有り付くとしばしば工場へ試験官が面会に行って色々慰問する。必ずしも工場ばかりではない。親の許にありて謹慎して居る者があれば、そこへ訪問して、お前のところの息子は無事にやって居るかといって、時には教誨をすることもある。そこで犯罪人の成績が悪いとそれを監獄へ押送《おうそう》する強制的権力を持って居る。それが我が国の行刑制度やヨーロッパのには無い。監獄に入れるよりは宜いが、試験官の無い刑の執行猶予や微罪不検挙は思うほど効が少ないので、全く行刑猶予の成否は試験官にあるので、死んだ法律を活きた人間で活用する所の制度である。かかる利益の点を我が国の刑法では採って居ないのであるから、これはお互いに能く研究して早く我が国の法律にも入れたいものである。この試験官がもし本人が境遇の悪いところに居ると、あすこにお前が居っては謹慎上宜しくないから土地を転ぜよといい、その転住の世話もしてくれる。だから試験官の働きは小学校長、警察官、または親切なる労働紹介者のようなこともするのである。それからそれが大人であって微罪を犯して試験官に支配されることになると、工場で働いて居るものならば、その罪質が親や妻子を捨てて顧《かえりみ》ない者ならば、工場の月給を試験官が受け取って、お前の家族にはこれだけやって御前にはこれだけをやるということまで面倒を見てくれる。実に痒《かゆ》い所まで手が届くのである。なお面白いことは全く放免になる時まで月給の何分の一を積んで置いて放免感謝金というものを国家に納めさせる。これは幾分か行刑制度に要る費用の一部分を補わせることになって居るのである。斯の如き制度が盛んになると免囚保護会社の如きは要らないことになるのである。

またこういうことがある。アメリカでは非常に酒を飲んでその結果犯罪を為すが、もし大酒家なり淫売婦が行刑猶予を受ける場合は飲酒家は飲酒家の感化院に送り、淫売婦は淫売婦の授産院へ送るのであって、それは試験官の手心でやるのである。それから罰金を科せられる者があって、即納することが出来ないと年賦で取り立てる方法があり、その取り立ては試験官がするのである。ところがこの制度の恩沢を受けることの出来ない者は浮浪徒や乞食である。なぜかといえば彼等は寝て居て食おうというので、働く考えの無い奴であるから、彼等は強制労働というて、仕事をしなければ尻を打つくらいのことをしても労働させなければならぬので、そういう者は微罪であってもこの恩沢を受けることは出来ないのである。そうして十六歳未満の者と女子には女の試験官があって世話をして居る。これはまた罪人のみならず、孤児貧児で困って居る者も世話をして育児院なり、養育院へ送ってやるので、つまり広き意味の予防事業をやって居るのである。試験制度の〝Probation System〟の起原を繹《たず》ぬるにファーザー・クック〔the Reverend Rufus Cook〕というボストン市の慈善家が裁判傍聴に行って見たところが子供がどんどん監獄へ送られて居る。しばしば傍聴に行って或る時判事に向かって、どうかあんなに監獄へ送る子供を私に預けて下さらぬかというたら、判事がそれではやって見るがよかろうというので預けたら、そのクックという人が非常に能く世話をしてくれるので成績が良くて、前に述べた試験制度が出来て、試験官を政府の費用で置くようになったので、千八百七十八年前には一慈善家がやって居ったのである。かかることは社会が進歩しなければ出来ないのである。アメリカでは子供の裁判があると慈善家が傍聴して居ってその子供の為に働くのであるが、日本では好奇心に馳られて傍聴するくらいが関の山である。それで欧米各国に於いては全くこの如き制度がないかというと、幾分それに似た制度がある。例えばモリソンの『犯罪少年者論』の中にフランスとベルギーには児童保護協会というのがある。子供が悪い事をして裁判に附せられるときはこの協会から二人出席してその犯罪に関する一切の事柄を取り調べるのである。一人は子供を連れて出て一人は裁判官に向かって答弁をするので、子供を少しでも改善に赴くことの出来るようにするので、裁判官の方でも児童保護委員の説を用ゆるのであるから、この二人の申し立てに従って感化院に送れとか篤志家の所へ送れとかいうことになる。アメリカのミシガン州にもこういう制度があるが、ミシガン州の救治制度は世界で有名な制度である。そこにランダルス［C. D. Randall ?］という有名な人があってやって居る。ここでは郡に二人の児童救済委員が居って、その委員が女は十七歳未満、男は十六歳未満の少年犯罪者に向かって世話をするので、やはり裁判所に出て裁判官の質問に答えることになって居る。もう一つは刑の執行猶予に伴う少年裁判所というものが十年ほど前にアメリカに出来た。この裁判所の判事は社会学、児童心理、教育学など苟も児童に関する一切の事を熱心に研究して居る人を以て任命するのである。そうして同じく試験官があって、それには名誉職の試験官と有給の試験官とあるが、シカゴを十二区に分かち、各区に試験官があって、もしその区の児童が悪い事をして裁判所へ呼び出さるる時はその区の試験官が附いて出るのである。それは重《おも》に婦人で或いは牧師の妻君とか、或いは弁護士の妻君とか、或いは軍人の未亡人とか、或いは家庭に業の少ない富豪の夫人達とかいうような人々が骨を折って居るので、勿論この有給と名誉の試験官は同一の権力を有って居る。アメリカの児童裁判所は非常に発達して居って、今日では少年有力の州には必ずこの少年裁判所が出来て居る。我が邦でもこのことに就いては穂積［陳重］博士の如きその他有力の人々が議論をして居るが、感化事業が盛んになると同時に少年裁判所をも立ててアメリカの如くやれば監獄外に於いて不良子弟を多く救うことは最早疑いを容るる余地がないのである。

序《つい》でに述べて置くが、児童を取り扱うに家庭制度《ファミリーシステム》、兵営制度《バラックシステム》、家庭委託制度《プレーシングアウトシステム》の三つある。この兵営制度は一棟の許に数十人を置くことはよくないので、今日では家族制度に限るという論になって居るのであるが、アメリカでは家族制度といって一番善い感化院に於いて一家族に三十人を収容し、イギリスの「レッド・ヒル」の如きは五十人くらいを収容して居るが、それは多過ぎるので、私の所では一家に十二人ないし十五人を置くことになって居る。ところがヨーロッパでは五十人以上を置いて居るから、それでは一家族にならぬと思う。奈何《いかん》となれば、例えば「トラホーム」などがあっても多数では容易に発見することが出来ぬ。我が家庭学校では三名の「トラホーム」患者があってそれが分からないで三日間で全校を「トラホーム」にしてしまったことがある。それで家族制度で十二人ないし十五人置いても夫婦で教育から総ての事を監督するのはなかなか骨が折れる。一家族十二人くらいならよかろうと思って我が校の一家族をそういう風に組織しました。これは十年前のことであります。而して五、六年前にスイスに行ってドクトル・ギョーム［Louis Guillaume］という人に会って一家族に幾人を収容するかということにつき話し合うたことがあった、博士は大いに余が説に賛成をされた。而して博士は尚語をついてスイスでも近来は十五人くらいにして居るといわれた。家族制度にもなるべくは人数の少ない方が善いのである。

元来、院"Institution"という所へ児童を収容して育てるのが良いか悪いかというと、家族制度と兵営制度と比較して兵営制度は家族制度よりも児童の数が多い。また兵営制度の方は児童が家族制度よりも従順である。その従順であるというのは目先ばかりである。それは何が為かというと、あまり人数が多いから、児童は外部ばかり従順で内心は少しもそういう心はない。これは個人的の待遇が出来ないからである。それで家族制度がよいと言うことになって居る。ところが慈善事業の進歩した国に行くと、院というものは立てるが良いか悪いかということが盛んに論ぜられて居る。児童を長く院に収容して置くと、児童が自ずと孤児院・感化院風になってしまうので、結局社会に適当しない人物が出来るのである。シカゴに博士

H・H・ハートという人が居る。この人は孤児院を立て居るが、院というものはいかぬという論である。そこで博士の院は名を臨時収容所《テンポラリーホーム》と名付けて一週間なり二週間なりその所へ置いて所謂孤児院風にならぬ中に、善き農家を探して家庭委託制度を実行して居る。ドイツでもその通りでラインラントなどでは最もその論が盛んである。然るにこの制度を実行するにつき困難の一事は金が余計要る。また社会が進歩しなければ引き受けてくれるものが少ない。社会全体を孤児院にしてしまうことが出来れば誠に結構である。ところが、感化院はそうはいかぬ。不良少年は良くなった暁でなければ院外へ出せないが、孤児院・貧児院等はこの如くなればよいのである。ベルギー国のブリュッセルの孤児院を見たことがある。ベルギーでは慈善事業は大抵市費てやって居る。ブリュッセル市の大きな孤児院へ行って見た所が、児童が一人も居らぬ。それから尋ねたら、院長の答えに、自分の所に居る孤児は当市の小学校に行って居る。それは孤児院も小学校も同じく立ててあるから融通が効くのである。院外の小学校へ通学させるのは、孤児を長く孤児院に置くとちょっと買物をして来いというても、その買物が出来ぬ。孤児院に長く置くのは社会に不適当の人間を造ることになるから、毎日社会学をさせる為に遠方の学校へやってあるという話をされたが、誠に道理あることとして聞きました。それはなぜそういう事をやるかというと、一体孤児院・育児院という所は人間を造り立てるには空気の悪い所である。そこでヨーロッパ各国では社会に役立つように教育するが必要であるというので、家族制度よりより良い所の家庭委託制度"The Placing Out System"なるものを採用するに至ったのである。

第二章　警察権を以て処遇すべき者

刑罰と度数▽威嚇の背景▽説諭▽留置

刑罰は凡て威嚇の分子を失うてはならぬ。威嚇の分子を失しては刑罰が刑罰にならぬ。それ故に不良子弟を警察官で取り扱うのは多くは威嚇して将来を戒しむるのである。しかし刑罰は威嚇の分子を失うてはならぬというものの、軽《かるがる》しく罰すれば刑罰も刑罰でなくなる。その威嚇の分子のなくなる訳は犯罪人をして刑罰に忸《な》れしむるということにある。病気に必要なる薬餌《やくじ》でもしばしば服用すればその効能を減ずるが如く、刑罰も数々繰り返すことによって威嚇の分子を失うのである。体刑につき英国にてはこういう格言がある。「初度は利き、再度は無効、三度は有害なり」といえり。故に刑罰の威嚇はしばしば施すべきものでない。刑罰には威嚇の背景を造り置いて、刑罰その物はなるべくだけ適用してはならぬ。少年者を取り扱うには何処までも悪いことをすると最後に監獄ありという背景を存置しおくことが必要である。それ故に何処までも警察の実体は威嚇でなくてはならぬ。そもそも警察官が不良少年を取り扱うのに二つの遣り方がある。一は説諭にして他は留置処分である。

（一）説諭……少年は凡て無経験であるから、法律に触るるが如きことを警察署に引き出さるることは一種の恐怖心に満たさるるのである。かかる心理的状態の所へ壮重なる態度で説諭を加える中に利くのである。故に説諭の式様は明了に言語を少なくして壮厳なる態度を以て遣ることを忘れてはならぬ。遣り方によりては打つよりも利くのである。

（二）留置……如何に強情なる不良少年でも二、三日も警察の留置場に留め置き、粗食と粗衣とを与え、毎日二、三回も署長室にて叱責訓戒すれば非常に利き目があるのである。しかし、留置処分を厲行《れいこう》するに於いて慎重なる注意を要する所以のものは、他の犯罪者や留置人と混同雑居もしくは交際させてはならないことである。犯罪は遺伝よりも寧ろ伝染であるから、留置場で悪漢より更により悪き感化を受けさせないことである。この点は、周到綿密なる注意を要するのである。

第三章　刑罰を以て処遇すべき者

犯罪をしたる者を悉く監獄に拘禁することは刑事政策の一大誤謬にして、それが為に犯罪人の年々激増せることは既に前上陳述した通りである。さりながら未丁年犯罪者や成年犯罪者の中には慥《たしか》に刑罰を以て処遇しなくては、社会を防衛し犯罪人を懲戒することは出来ないのである。故にこの点より考うると是非とも一種の犯罪人には刑罰を科せなくてはならぬ。その刑罰的方法としては（一）罰金（二）体刑（三）拘禁等である。

（一）罰金……は多く換刑《かんけい》として用いらるるが、犯罪人の種類によりては慥に罰金は非常に利き目がある。豪欲よりして身分も卑しからざるに詐欺取財や、窃盗および賭博などをやる者には罰金は大いに効能があるのである。罰金はまた入監の汚染より犯罪人を救済するの効用少なからざるものがある故、罰金刑は貪欲者を罰すると或る犯罪人を入監の汚染より救い出すとの二つの効用を有して居る。

（二―一）体刑……体刑のことを精しく論ずると死刑、拷問、笞杖刑《ちじょうけい》等種々あるが、これらはいずれも犯罪人を威嚇し、または感化せしむる上に於いては全然失敗せりといわなければならぬ。その証拠には峻刑酷罰《しゅんけいこくばつ》を施したる時代は、却って犯罪者が増加したのである。感化事業に関連してここに論じて見たいと思うのは体罰の一条である。

（二―二）体罰……は少年者を遇する所以の良法であろうが、これ一大疑問である。これは人によりてその説を異にして居るが、余の十年間我が家庭に於いて経験した所によれば、不良少年の感化には体罰が効力がないということを断言するのである。創立以来四、五年は年少者には差しつかえない範囲に於いて使用したこともあるが、今日では全然廃止することにした。その訳は効能がないからである。精しきことは感化院内部の懲罰の所に於いて述べよう。然るに英国に於いては少年者に体罰の効能のあるは独りその他事業に関係せるもののみならず、裁判官、警察官、監獄官も一様に是認して居るのである。英国で社会改良に熱心なる、マリア・ライ［Maria Rye］女史は「我意強く不従順なる児童は宜しく笞《むちう》つべきなり。妾は自ら移民の為に訓練を受けつつあるところの四千人の児童に対し、二十七年間に数十回笞ちたり。されど妾はこれを以て四千人を悉く笞ちたるの効力を感ぜり。何となればこの事は四千人の児童に大なる感化を与えたればなり」。なおライ女史は附け加えて「されど笞杖刑を以て少年を罰することを通則と為すが如き感化院は、その管理法宜しきを得ざるものと否難せざるべからず」と。この外体罰に関する裁判官、警察官、典獄等の返答をここに挙げると沢山あるが、煩雑を避ける為に省略しよう。とにかくイギリス人に限って一人も少年に向かって笞杖刑を施すは効力が無いといったものはないのである。それでこれだけを御了解を願いたい。刑罰的の方法としては少年者に対して笞杖刑はイギリスその他に於いては採用して居るが、文明社会の輿論はこれに同情を有って居ないということである。私はこれに付いては大いに意見があるから感化院の内部の懲罰のところで述べようと思う。

(三) 拘禁……前述べた、乱暴にして頑固で容易に感化の出来ないのみならず、他に害毒を及ぼすところの少年者があれば、これは監獄へ送るより外に仕方がないのである。しかし斯かる少年は少数の者には相違ないが、少数の者が感化院にあって害を加えるということであれば他の少年の為にならないから、所謂小の虫を殺して大の虫を助けるためにそのものを取り除く必要がある。一人二人悪い少年が居る為に他の者が悪くなるとすれば、その悪い少年を取り除いてしまわねばならぬ。ところがこれは感化院でも孤児院でも同じと思うが、校長なり教員なりよりは悪い少年の一人二人の感化力が総ての一少年に対して強いことがある。かかる頑悪なる少年は校長のいうことも聞かぬが、その悪い少年さえ居なければ他の少年を良くすることが出来るから、この少年の勢力を殺ぐが必要である。その時はこの少年を取り除くより外仕様がない。かかる場合にアメリカのように感化監獄があれば感化院と連絡が取れるから都合がよいが、我が国には感化監獄がないから困るのである。已むを得ないから普通の監獄に送るより外に仕方がない。しかしながら監獄へ送るのは最後の手段である。どこまでもこの少年をよくする方法を取って、万已《ばんや》むを得ない時に放り出すのである。ところが私の実験に徴するとこういうことがある。いずれの感化院にも一人や二人の頑悪少年が居る。頑悪少年の居るが為に教員は非常に骨が折れる。故に私にこういう要求がしばしば出た。どうぞこの少年に退校を命じてくれというので、いつでも私と教師とか衝突するのである。ひどく衝突した時にこうである。その少年を出さなければ我々は連合してこの学校を辞職するということを申し出たのである。その時に私は辞職をされてもこの少年を出すことは出来ないと返答したことがあった。頑悪少年でも容易に出してはいかないのである。よく教員の間からそういう要求が出るのである。しかし出すというとまた後に同じような悪童が出来る。そうなると終わりは皆出さなければならぬことになる。故に退校させるということは丁寧にして出来るだけ忍耐して教育せねばならないのである。そこで行刑的処分である罰金と体刑および拘禁のこの三つは刑罰の中でやらねばならぬことである。

第四章　教育的処遇

二種類の犯罪者▽ペスタロッチと教育万能力▽ウィリアム・ハリスの語▽教育の二大目的▽感化事業の教育的方法に三つあり▽感化の一大方法としての境遇の転換▽感化院の構造と趣味の輸入▽感化院構造の二大要素▽図案▽一感化院に収容すべき人員数▽華壇、農園、運動場、体操場、浴場および水浴、小動物園、▽第一、家族制度……個人的待遇……家事の手伝い……名称を付する利害……奇遇に生徒を収容すること……家族長の住宅構造法……炊事場および食堂……点検……来客の際注意すべきこと……▽第二、普通教育……義務教育を程度とすること……教授時間……文字の教育よりは職業の教育……▽第三、職業教育……手工業の不良少年に切要なる理由……授業手選択の困難……院外に徒弟に出すこと……委託制度の困難……院内実業の季節により て異なること……市内にある感化院と市外感化院との実業の差異……▽第四、徳育問題……徳育の五問題……院内に宗教を採用するの目的……宗教心と宗派心……信仰と人格……異宗徒の共同尽瘁……▽第五、宗教教育……慈善院にある宗教の位置……不良少年と宗教心……敬畏の主体た

面……院生の年齢別およびその分類法……監督と分類および配置……監督の秘訣……監督につきチャールズ［サミュエル・トレイン？］・ダットンの説……手淫および鶏姦の防止法……院の経済……私立慈恵事業は多くは無文より起こる……信仰と慈善事業……基本金を有する我が国の慈善院……徳川の天下も貧乏より倒る……慈善院と寄付金募集……募集者選定の注意……悪募集者を取り締まるの方法……会計報告……金銭と道徳……慈善院に於ける金銭物品の使用法……教職の待遇……金銭上で献身を強ゆるなかれ……教職員の慰め旅行……カーネギーの養老年金……教育家を侮蔑するなかれ……教職員に養老金を与えよ……▽結論……▽附録……参考書籍

不良少年を取り扱うのに教育は最も大切なことである。さきに境遇および遺伝の勢力に付いて述べたが、あの論を約めて言うと、総て境遇で人を良くすることが出来るというのである。その境遇の中でも教育を以て人を良くすることが最も必要である。未成年犯罪者および感化院に来る不良少年は教育で良くする外途《みち》はないのである。ところが教育の力が届かぬという論をする人が大分あるが、私の考えでは教育で徹底せないものはないと思う。左に述ぶる所は監獄学者の論であるが、大いに参考になると思う。普通監獄学者は犯罪人を二種に分類する。（一）犯罪人とは未だかつて進歩せざる者なり。故に発達進歩せしめたならば良い人間となることが出来る。（二）犯罪人とはその思想および行為が普通人と正反対なのである。故にこれを英語で「Perverted man」（転倒的人類）というのであるが、この第二の方は犯罪人の方でも極く少数である。この転倒的人物というのは人の家に火を付けてその燃えるのを見て喜び、人を斬って血が出るのを愉快とする。かかる人物は責任能力のない者であるから瘋癲院へやるか、癲狂監獄を建てて拘禁するかせねばならぬ。この種の人物は犯罪人の内には多くはないが、監獄を調べて見ると必ずそういう人間が五、六人は居る。また感化院を調べて見ても、気狂いであるか、不良少年であるか、その境目が分からぬのである。私の所にも必ず毎年四月から五月頃にかけて気狂いになる者がある。それを暫く取り扱って居ると夏の末から秋にかけて癒《なお》ってまた春になると起こる。そういうのは少数であるが、全く普通の少年と考えが違って居る。そういう者は教育では癒らぬのである。かかる病人を除いては恐らくは教育に於いて直らない者はないという論を立てるのは、あまり僭越《せんえつ》の論ではあるまいかという考えを有って居る。ペスタロッチ［Johann Heinrich Pestalozzi］という人の言葉に、富豪と赤貧者とを問わず人類は均しく教育せらるべきものにして、また教育を受くべき権利を享有するものである。米国の教育家ウィリアム・ハリス［William Torrey Harris］の語に「教育は人類の不完全なる点に対して投ぜらるべき万能薬なり」と。ペスタロッチは有名な教育家にして感化教育、貧民教育に力を尽くした人である。またウィリアム・ハリスは昨年辞職したがアメリカの文部大臣をして居った人で、アメリカの教育家中での教育学者である。その人の語に「凡て世の中の事柄は広き意味の教育を以て解決の出来ないものはない」と言うて居る。その如く感化事業も教育によりて処分の出来ないものはないのである。前にも言いし如く、司法権・警察権を以て処遇するのは重《おも》に威嚇によるのである。しかし感化教育の成敗の決するところは教育である。そこで教育の目的は何であるかというに、その目的に二つある。（一）は職業を教えて世の中に立ち得る人間になるのであるから、教育を受けて生活の出来ない者は教育の目的を達したものとはいえぬ。ところが今日の教育は生活すら出来ない人間を沢山作って居るのである。（二）は品格を形造らせて万物の霊長たる資格を備えさするのである。飯さえ食えるようになればよいというのでは禽獣と相去ること遠からざるのである。教育の目的は人間を万物の霊長たる資格を備えしむるようにするのである。とにかく教育なるものはこの二つの目的を有って居るのであるから、その心持ちを以て少年を処遇しなければならぬことと思う。それで教育的処遇の方法として感化事業は如何なることをするかということに三つある。(第一) は各種の感化院を設備してこれに収容すること、(第二) は家庭的慈善院に入れること、(第三) は個人の親切なる監督の下に委託することである。これは前に述べた「プレーシング・アウト・システム」(家庭委託制度) でやるのである。想うに日本ではまたそういう篤志の人が少ないから、感化を達する上に於いては甚だ困るのである。或る子供は感化院に入れないでも親切なる家庭で取り扱うことが出来る。或る者は感化院へ入れて改善の途を謀り、仮退院を許可する時にその善後策として良家庭へ預ける必要がある。故に西洋でいう家庭委託制度は感化院に入れる前と感化院を退院する後に於いて預けるのと二つある。とにかく教育的処遇としてはこの三つの方法に依って総ての不良少年を改良感化するのである。そこで歩を進めて感化院は如何にしてこれを造らねばならぬかを申し上げねばならぬかということになる。これは感化院の構造を論ずる時に詳しく述べようと思う。さて不良少年は如何にして出来るかというに、一言でいわば、境遇が悪いから出来るのである。そうするとその不良少年を改良する為には悪い境遇から良い境遇に移さねばならぬという必要がある。しからば感化院なるものは少なくとも良い境遇のものでなくてはならぬ。されば感化院は大体に於いてどういう風にすればよいかというに、その構造法は種々あるのである。院舎をどうする、浴室をどうするというが如き一局部の問題ではない。全体の構造ということになるのである。全体の構造からいうと感化院は如何にすれば少しでも多く趣味あるようにすることが出来るかということである。同じ感化院でも全く趣味のない所がある。前にも述べたるが如くにして感化院、孤児院、養育院、育児院は極めて無趣味のものである。あたかも尼寺が人間社会を全然離れて居るが如きである。また従来の孤児院といえば誠に憐れを催すような風に造ってある。かかる慈善院は極めて趣味多く造り上げねばならぬのである。慈善院の多くがややもすれば殺風景になるのは趣味がないからである。慈善院に趣味がないならばその生活は自ら単純になるのである。無趣味になると凡てのものが死せるが如くなる。院の生活が死んでしまったならば、その中に居る生徒は、たとい肉体に生命を持続するも精神は枯死してしまうのである。しからば如何にすればたっぷり趣味を持たせることが出来るかというと、ここに感化院の設立に付いて二つの条件がある。その一は感化院の位地の選定、その二は院長の選択、大体に於いてこの二つが感化事業の成否を決定するのである。位地が悪く、また院長の選択を誤ったならば、感化事業なるものは終いに失敗に帰してしまうのである。そこで感化院の位地は如何なる所に建設すべきかというに、内務省からしばしば通牒した如く湖水の辺か、小丘の上か、森を控えた所か、或いは河に沿うて居るところが、または海に臨んで居るところか、ともかくも最も天然の風光に富んで居る所を選ばねばならぬのである。施いてはこれが感化院の趣味如何ということになるのである。何故にかかる天然の分子に富める場所を選ぶかというに、感化事業は教育事業であるから天然自然の分子は最も必要である。人が人を作ると申しまするが、人間の力は教育上世人の思うほど力の無いものである。境遇、与論、時勢、および天然自然の状態如何が人間を形造る上に偉大なる勢力を持って居るのである。天然および境遇の良いところには良い人物が起こる。故にこの感化院全体に趣味を持たせるようにするには位地の選定が必要である。それから位地の選定が済んだらば感化院内部の組織を如何にするかということが大切である。

まず院内設備に付いて述ぶれば、大体次の図に示すが如きである。

尤《もっと》も敷地の地勢または形状に依って図の通りにはいかぬが、大体こういうようにしたらよかろうと思う。私の考えでは一棟に十五名収容するとして、六棟で九十名を収容する。一感

イ　院長住宅
ロ　家族舎
ハ　家族長舎
ニ　花壇
ホ　養鶏舎または養兎舎
ヘ　体操器械
ト　工場
チ　肥料舎
リ　収納舎
ヌ　牛豚舎
ル　礼拝堂
ヲ　教場および事務室

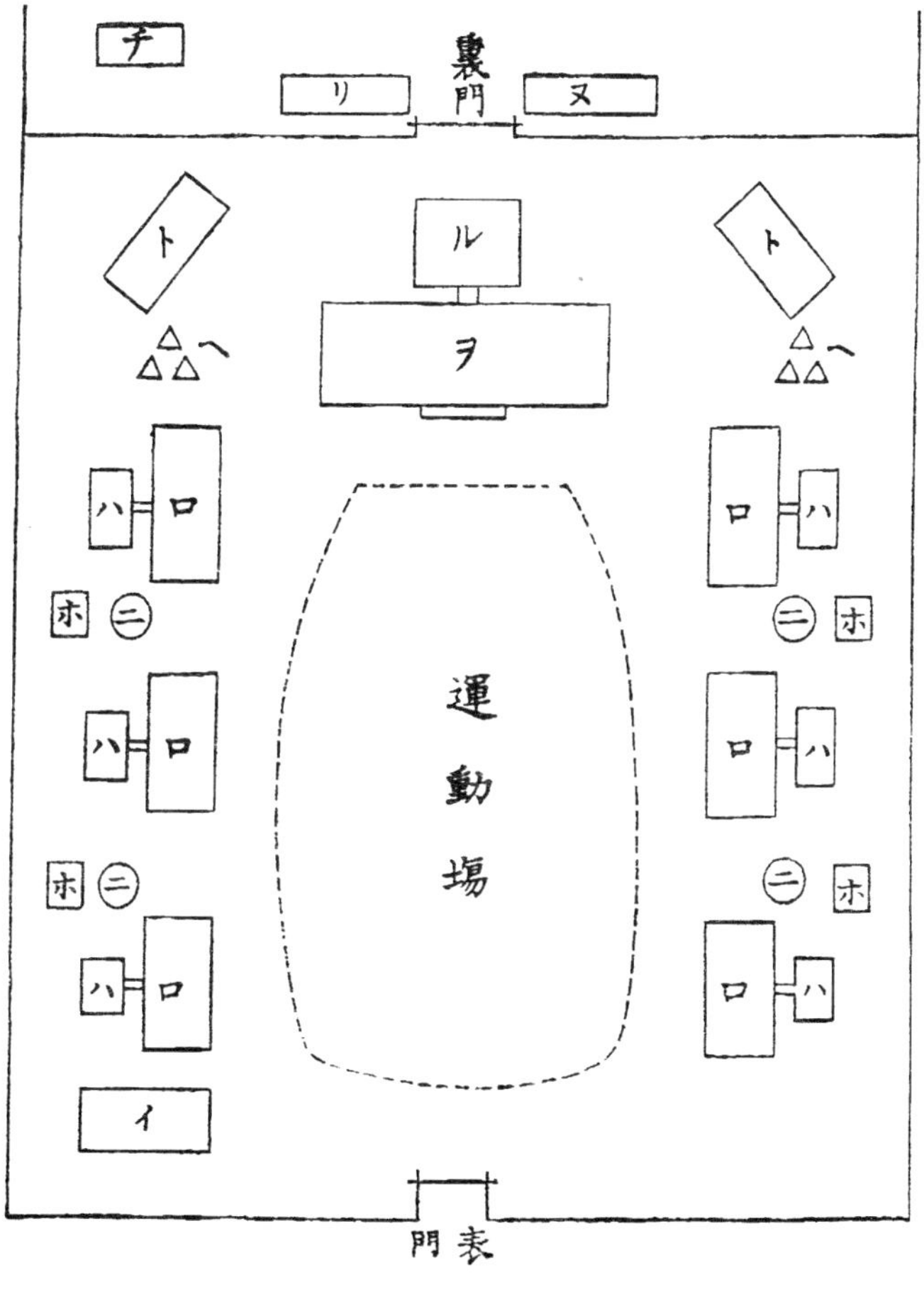

化院はなるべく百名以下に止めたい。そうして出来得るならば家族舎と家族舎の間に華壇を造りたい。その華壇の傍または適宜の場所に体操機械等を備えて中央を運動場にしたい。また農園は東京大阪の如き大都会では地所を得ることがむつかしいが、交通機関の設備あらば府県庁所在地より或いは二、三里隔たるも差しつかえないから、なるべく農園を沢山に取りたいのである。そうして礼拝堂は極めて清潔にして神聖侵すべからざる所として置きたい。教場はあまり広く作る必要はない。生徒の員数に差しつかえないようにしてもらいたい。小学校でも人数が多過ぎると教授がしにくい。殊に感化院の生徒は大勢になると監督上非常に困難であるから少ない方が宜《よ》い。教場内の設備として椅子などは極めて麁雑《そざつ》なる堅固の物にして置く必要がある。運動場は思い切って広くしたい。慈善院で困るのは障子または硝子窓が能く破れるのであるから、直ぐ修繕しなければならぬ。雨天体操場の如きは床を踏み破り、または壁などもよく破毀《こわ》すからこれは吹貫《ふきぬけ》にした方が宜い。もし出来得るならば小学校の運動場の如くにして撃剣柔術等をやることの出来るようにしたい。浴場は……我が家庭学校では重要の機関として重んじて居ること。礼拝堂、教場、食堂、運動場等と異なることなく同じ意味の教育機関として大切にして居る。故に浴場は極めて奇麗に掃除して置くが最も必要である。この浴場には「シャワー・バス」の設備にもしたい。これは寒暑を通して水浴をするには極めて宜いので、設備のしようによりては一時に二十人も掛かることが出来る。遊泳浴《スウイミング・バス》は屋内に池を造り、身体に相当なる温度を保って体操後に飛び込み泳がせるのである。グラスゴー市やニューヨーク市のは非常な大きな設備である。我が家庭学校では水浴することを重んじて居るから早天に浴槽の中に水を入れて置いて朝五時に起床すると直《じき》に浴場に行って水中に這入るので、それが済むと礼拝堂に出席して精神上の洗濯をするのである。

また小動物園は慈善院の趣味を厚からしむる為に必要である。殊に生徒の為に山羊や牛の乳を取り、鶏から卵を取る必要があるから、これらを飼育する必要がある。私は一番初め犬を飼わなければならぬと思って飼いました。ところが乱暴児が居って苛めるので終いにはその犬が荒くなって来客に吠え付くやら、噛みつくやら、とうとう犬までが不良少年となった。故に遠方に持っていって捨てたことがありました。然るに感化が行き届くと不良少年が犬猫鶏の世話をするようになるので、我が校ではこれを以て生徒が感化したるや否やの程度を見るのである。故に小動物園を慈善院に造るのは慈善院を無趣味単一なる生活に陥らしめない目的であるが、尚その上にこれらを以て教育的機関にしたのである。養蜂の如きも慈善院には大切の設備である。しかし院生があまり苛めると逃げてしまうので、取り扱いが行き届くと手に留まっても刺さぬようになる。数年前岐阜県の富田村の小学校を視察せし時、金田［英太郎］校長は素麺箱《そうめんばこ》を利用して養蜂箱にして居られたが、蜂の巣を買わないで山から巣を取って来て養蜂をして居った。私も全国各地で養蜂をやって居るところを見たが、金田校長の如く蜂を自由に扱う人を見ないのである。感化院では徒《いたず》ら者が多いから養蜂はむつかしかろうが、熟練した人が居って取り扱えば余程面白き仕事であると思う。養鶏養兎および花園の設備は経費の許す限りに於いてやるが宜いと思う。それから収納小屋、肥料小屋は是非必要である。また病室も員数相応に必要である。燻蒸室《くんじようしつ》は伝染病を防ぐ為に衣服を燻蒸する必要がある。園芸はもし農業を主とすれば副業としてやるがよい。従って花擅の如きも設けるに便利がある。もし都に近いところであれば園芸は一の業務として経営するが宜い。これもまた大いに慈善院の趣味を完からしむるに与って力がある。

第一、家族制度……各家族舎は図に示す如くにしたら宜かろうと思う。一家族舎の員数は十二人から十五人を定度とし、あまり数の多きは凡ての点に宜しくない。一家族に員数多きときは「トラホーム」があってもまた寝小便をする者などがあってもちょっと分からない。自然赤痢の如きを病んで居てもその初期に発見することが困難である。また教育上に於いても生徒を個人的に取り扱うことは出来ないのである。それで数の多いのは彼等を精しく知る上に於いて不便がある。族員としては家族長、族母、補族母等であって、家族長は監督と教育とを司る。族母は母親となってこれを慈育し、傍ら炊事洗濯等のことを司る。私は下女を使ってはいかぬという論である。なぜなれば下女を使うのは中以上の家庭である。この家族舎に入る者は乞食、浮浪漂泊の徒が多いのであるから、下婢を使役するような生活を示してはよくない。そうして家族のことは出来得るだけ生徒にやらせるが宜いのである。例えば飯を食うときに堅いの柔かいのといって、苦情がましきことを言った時は、これはお母さんが炊いた飯である。しかもお前方が手伝って炊いたのであるといって教えることが出来る。概ね不良少年は孤立になりたがって共同的生活の出来ないものである。そこでお母さんは飯を炊く、自分は水を汲み椽端《えんばた》をふくというように共同して働くことは、やがて社会へ出て往く準備である。つまりこれらの仕事は家庭は共同に依って成り立って居るものであるということを教えることになる。だから一家族の主婦たるものが日用品を買いに行く時は少年を連れて行くが宜いのである。

家族舎の構造につきては図に示した通りであるが、これは私の理想を述べたに止まるのであるから、採否は諸君にあるのである。私がスコットランドの或る孤児院を視察した時に「グラッドストン・ハウス」というのがあった。これは故グラッドストン氏が寄附したのでその名が付いて居る。我が国の慈善院を見ても、寄附者の名を現してこれは三井館、彼は大倉館というが如きであるが、私の考えでは寄附者の名を館名とするのは寄付を募るには便利であるかも知れないが、教育上からいうと甚だ宜しくないのである。何故なれば慈善院の院長が人から物を貰うのは止むを得ないことであるが、院児には左様なことはなるべく知らせないようにした方が宜しい。「クラッドストン・ハウス」とか大倉館とかいう如き名を付けると、これは人から貰ったものであるという感じを自然生徒に持たせる。左なくても孤児には孤児根性があって困って居るのに、左様な名称まで付いて依頼心を養成するようなことをしては甚だ宜しくないのである。我が家庭学校の如きも客間または一家族舎を寄附した人もある。しかしながら私はその人の名を家族舎に付けぬ主義である。もし名を出さねばならぬことなれば寄附は受けぬ覚悟である。その人の恩義を感ずることは名を出さないでも感ずることは出来るのである。そこで私の所ではその家族舎を第一家族、第二家族、第三家族、第四家族といって居るのである。而して各家族舎の内部は如何に仕組むかというに、生徒室は六畳ないし八畳または十二畳敷くらいで、生徒をその室に幾人置くかというに、四人もしくは六人というが如く偶数に置かずして奇数に配置するのである。例えば六畳間などは三人置くが宜い。これはどういう訳かというと後にまた述べるが、中学校で堕落した生徒の入校したる者は随分愧《は》ずべきことをする。故に一室三人とする利益は二人が共同して悪いことを仕組むも一人が邪魔になる。泥棒を防ぐのでも一人正直者が居ると二人の相談がむつかしいのである。故にこれは奇数にして置く必要がある。家族長の室は図に示す如く廊下伝いにこれを別室にするが宜い。炊事場は家族制度などは各家族に炊事場を設け、各家族の食堂は極めて神聖なる所としてなるべく清潔に秩序正しく額でも掛けて置きたいのである。而してその食堂は夜は家族団欒して話でもすることの出来るようにせば、極めて便利ならんと思う。昔から英雄豪傑の伝記を見るに偉人豪傑の母親は多く食事のときに教訓をして居るのである。であるからもし出来得るならば食堂には教育上有益な新聞雑誌書籍等をも備え置いて、食後には随時見ることの出来るようにしたならば善かろうと思う。

それで家族舎の監督……家族舎は如何に取り締まるかというに、戸締り、火の用心を宜くし、家具什器およびその他の整理を善くして置かなくてはならぬ。殊に生徒には足許を正しくすることを教えねばならぬ。下駄の整理に付いて困るのは誰彼の構いなくそこにある物を穿《は》いて行くのである。これには甚だ困る。私は能く諸方の慈善院を視察する時に雪隠までも開けて見るのであるが、随分ひどい有様の処がある。人々の気の付かない所は特別に能く整理して置く必要がある。感化生は能く逃走するのであるから、朝、昼、晩の三度くらい点検をしなくてはならぬ。家族制度で極く親密にやって居るのに一日に三度も点検をするのは生徒に悪しき感情を持たする恐れがあるから、朝ならば礼拝堂へ行くとき、また昼ならば午餐の時に数えるのが宜い。これは銘々の手心で感情に触らぬようにしなければならぬ。殊に被服書籍その他の所持品は丁寧に家族長が点検し置かねばならぬ。或る時我生徒の内に寝衣《ねまき》を着ないで素裸《すはだか》で寝て居ったものがある。それを段々調べて見ると、虱《しらみ》が生《わ》いて他生が「観音様々」と綽名《あだな》するから恥ずかしいので、その寝衣《ねまき》を畑中へ人知れざる間に埋めたのである。また着物を売り飛ばす者がある。だから屑屋の来た時は余程注意せねばならぬ。或る時こういうことがあった。北海道の看守長で私の処へ久し振りでやって来たので、その方を泊めることになって午後三時頃から風呂を立てた。そうして生徒の一人が風呂番をして居ったのであるが、私はその客と一緒に風呂に這入って居った。ところが、後で能く調べて見るとその番をして居った生徒の様子が怪しいのでいよいよ調べて見ると、金を持って居るらしい。それからその人は芝虎の門辺に宿を取って居ったのであるから、電話で君はもしや金を落しはしないかと聞いて見た所が、実は十三円ほど掏児《すり》に取られたが、しかし不体裁であるから言わないで居ったとのことであった。それならばその金は私の処にあるから受け取りに入らっしゃい、君が風呂に這入って居られた時に取られたのである。他の人ならば当方より断るのであるが、君は北海道集治監に十五年も看守長をして居られて泥棒の卵に懐中を抜かれるというのは不注意だといって笑ったことである。斯様なこともあるから監督者たるものは余程注意しなければならぬと思う。また私の家に女学生も娘も居るが十七、八の悪い少年は婦人に対して一種妙な感じを持って居る。生徒の中には奇麗な婦人が来ると奇声を発して飛び廻るものがある。また或る者は来客があると大きい生徒の命令を受けて偵察に来るものがある。これらもまた大いに監督注意をしなければ感化上能くないことと思う。

第二、普通教育……斯道《しどう》に達したるいずれの学者の説を見ても、無教育が不良少年を造る原因となるということは明らかなることで、従って彼等に教育の必要であるということはここに言う必要はないと思う。しかし如何なる程度に於いて彼等を教育すべきかということが問題である。私は今日の所慈善院はその如何なる種類を問わず、その教育は尋常小学程度くらいで宜いと思う。そうしてその上に特に学問に志あるものあらば、中学高等学校大学までもやらせるのは宜いと思う。何時間彼等を教育するかというに、欧米各国にある感化院の教育時間は通して三時間、最も長いところで四時間で、午後は各種の労働に従事さするのである。或いはまた午前労働して午後教育する処もある。しかし感化院に収容されるような者はとにかく最下級の者であるから、文学をあまり沢山教えることはいかぬと思う。極く小さい子供は別だが、不良少年は概して八時間くらい労働させたいと思う。十二、三歳以上の者は職業を教え、毎日二時間くらいも教育してやったら十分であろうと思う。ところが感化生の教育に付いては各自程度が違うので学級の編制に関しては困難であるのである。

第三、職業教育……感化生に職業教育の必要なることは、文学の教育よりは更に一層大切である。手工は啻だに生活の便《たつき》があるのみならず、不規則の頭を正しくするに効能がある。不良少年ほど頭の不規則なるものはない。これが矯正には手工が一番大切である。摺物《すりもの》、彫刻、指物、籠細工等、手工業の感化教育に必要なるは不規則の頭を整理するに於いて力があるので、従って職業を覚えさするに助けとなるのである。しかしながら手工業に付いて困ることは、収益を勘定に置くことは出来ない。感化生は概ね機械は壊す、材料は濫費《らんぴ》するので経済上には甚だ困るのである。それから職業教師を傭聘することに付いては更に一層困難である。品性の良い学校出の人を傭聘すれば宜いが、高い俸給を払わなければならぬ。もし大工指物師等を授業師とする時は、技術は宜いが教育上困ることがある。比較的品行ある人を傭聘すると技術の方が不十分である。しからば院外である鉄工場、指物工場等で個人の経営して居るところへ徒弟見習にやるとすれば随分困ることがある。一例を言えば、我生徒の一人を私の処から毎日芝の或る鉄工場へ通わせて置いたのであったが、暫くすると針金や真鍮《しんちゆう》の片屑を持って戻る。それはどうしたのであるかと尋ねると、これは貰ったのであるという。それから教師をやって調べて見ると盗んで来たのである。そこで考うるに、私の家の小さい生徒が持って来るくらいだから、大人である職工などは甚《ひど》いので中には隧道《とんねる》を作って工場から隣の方へ盗品を搬い出して居る。で、その工場主の話に折角君の生徒に職業を覚えさせたいと考えて世話もしたのであるが、事実は素志《そし》と違ったのである。私の処では結局泥棒を教えるようなものであるから引き取って貰いたいというのであった。校外へ出しても社会が悪いと折角善くした生徒を悪化して了《しま》うのである。また或る製版所へ生徒を二人やった所が、そこは技術もよし、追々昇級もするのであるが、主人が夫婦喧嘩をしたり、弟子同志で喧嘩をしたりなどして却って遣わしたる感化生がいうには、私のような者でもあんな品性下劣の所で教わることは嫌だといって戻って来るような始末である。しかのみならず、私のところでは酒煙草は一切用いないので、その様に生徒を養成し置いたのに、そこの親方は委託した感化生を遊山見物に連れて行って「時にまあ一杯飲め」と勧めるのである。そうすると他の職工共も「大将が飲めというのに貴様が飲まぬということはない」といって強制して飲ませる。それから段々酒を飲み出した。仕事は覚えるが、さてその儲けた金は如何に費消するかというとなかなか心配になるのである。以上陳述したのが実際であるから感化院の中で授業師を雇うにも困難であり、またこれを院外へ出すというと、前いう通り品性上に打撃を蒙るという訳で、いずれにしてもすこぶる困難である。また院内で仕事を教えるということにしても夏と冬の仕事が違うから困ることがあり、農業のみでは春から秋に掛けては出来るが冬は出来ない。欧米のような大仕掛けの農業でやって居る処でも冬になると仕事が無くなるから、靴の修繕だの椅子の繕ろいだのといって、間に合わせの仕事をやって居る。故に感化院の実業は冬と夏との仕事が異なることを頭に置いて経営する必要があると思う。

それから市中の中央にある感化院では如何なる職業を選ぶかというと、全然工業を以て経営するのが宜い。また市と郡部とに界して居るところの感化院では工業と農業とを半ばにして経営するのが宜しい。全然市を離れて田舎にある感化院では農業を以て経営しなければならぬのである。

第四、徳育問題……この問題は感化事業に限らず一般慈善院の問題として論じて見たいと思う。私が全国の慈善院を調べたところでは徳育問題が五つほどある。或るところでは神道主義でやって居る。拝殿を拵えてそこを感化の中心として居る。また或るところは仏教もしくは基督主義でやって居る。また或るところは勅語主義でやって居る。また或るところは以上のいずれにも拠らず単に道徳主義という名の許でやって居る。この五つに慈善院の徳育問題を分類することが出来る。私の考うる所によれば、特に勅語主義といわないでも日本臣民たるものは仏教徒でも基督教徒でも勅語は奉体《ほうたい》せねばなるまい。特に勅語主義でやるといわないでもよかろう。しかしそれは悪いというのではない。各自その信ずるところでやって宜しい。ところで院は特種の宗教を表標すべきであるが、はたまた院長職員だけは宗教を信ずる方がよいかどうか、ということは日本将来の感化事業に大なる関係を有することである。私見に拠れば慈善院の院長職員たる人は宗教のいずれを問わず宗教に対しては極く敦《あつ》い心を持って居る人でなければならぬと思う。そんならば宗教思想を持たない人は感化事業は出来ないかというとそうではないが、相成るべくは感化事業または慈善事業に当たる人は宗教的信仰が大切であると思う。今、世界の歴史に照らし、我が国現在の状態に照らして考えて見ると、慈善事業には篤実《とくじつ》なる宗教家が成績を挙げて居るように思わるる。ところがこういう人がある。何にも宗教を信じないでも宗教を利用したらは宜いではないか。都合のよい宗教を持って来てこれを利用したら宜いというものがある。これは言葉の上では甚だ宜いようであるが、実際には行われ難いことである。世の中の政治家がその政治に宗教を利用したら宜しいというものがあるが、宗教の利用は真正《まこと》の信仰を持って居る者でなくては出来ない。真正の信仰を持って居ない者が宗教を利用したらそれこそ大変なことが出来る。宗教家が人を感化する上に於いて大なる効力を持って居ることは言うを俟《ま》たないが、しかしながら慈善院は寺院や教会とは違って居るということを忘れてはならぬ。感化院その他の慈善院は信者を作ることが目的ではないということを頭に置かなければならぬ。如何となれば信者を作ろうという考えは宗派心である。宗教心と宗派心とは大なる違いがある。慈善院に宗教を歓迎するのは何の為であるかというと、忠良なる日本国民を造るためである。しかし慈善院に於いてその宗教宗教によりて本統の信者が出来れば、それは即ち我が忠良なる国民に相違《たが》わないが、多くは信者を造るということと、善良なる国民を造るということとは違うのである。それから慈善院の好み好みによりて仏教、儒教、神道または基督教を採用することになると、職員はその宗派宗派のものに限るという人があるが、私は必ずしもそうでなくても宜いと思う。そこで信仰に人格というものが伴って来る。如何に熱心なる宗教家でも人格なき宗教家は困る。一例を挙げれば或る所に禅宗の僧侶が一孤児院を起こして居る。然るにそこの郡長も町長も小学校長もその孤児院を見たことがないというくらい冷淡であるが、その孤児院の創立および発達に関して力を尽くしたのは誰であるかというに、二人の基督信者である。その一人はその地の基督信徒たる警察署長と今一人は教会の執事とである。これは実に麗しいことであると思う。現に私の学校でも校長は「クリスチャン」で幹事は熱心なる仏教信者である。段々私どもは仕事をして見ると「クリスチャン」ならば熱心に歩調を整えて行けるかというと、「クリスチャン」は必ずしもかかる事業に適当せない人もある。そこでこの事業に趣味を有して居る人格のよき人であらば、それが仏であろうと「クリスチャン」であろうと少しも構わないのである。苟も慈善事業に趣味を感じて居る性格ある人であったならば、宗教と宗派との如何を問わず同一慈善院に共同じで仕事が出来ることと思う。この高き広き理想を以て慈善事業を経営して見たいと思う。畢竟慈善院が宗教を歓迎する所以のものは宗教を以て徳育の基本となし、而して良い人物を作ろうというのであるから、宗教や宗派を異にしたるが為に互いに感情が融和せないで衝突するが如きは甚だ宜しくないことであると思う。

第五、宗教教育……欧米各国ではいずれに往くも感化院慈善院に礼拝堂の無いところはないのである。我が国では宗教問題は物質的文明の輸入と共に忽諸《こつしょ》に附せられて居るが、彼国では国民精神の根基《こんき》を宗教に置くのである。そこで欧米各国にある感化院の中心は何処に置いてあるかというに、礼拝堂即ちその中の宗教にあるということは動かすことの出来ない定論である。であるから感化の根本が宗教にあるということもまた明白である。何故感化院に於いて特に宗教を重要視するかというに、概ね不良少年なる者は敬畏《おそれ》るという感念のないのである。自然法なるものを恐れないから、冒険に木に登りて落ちても怪我をすることを恐れない。しかのみならず国家の法律を恐れない、長上を恐れない、因果応報の理を恐れない、況《いわん》や神仏など無形の崇高者をば恐れないのである。彼等は愚昧と謂わんか、無謀と謂わんか。彼等はそれを恐れないところからして精神上および肉体上に堕落を来たすのである。そこで敬畏《けいい》の主体たる神仏を崇尊《しゅうそん》させることが彼等を感化に導くことに於いて最も大切なことである。感化院退院者の例に依って見ても、感化を永く持続することの出来るのはいずれに最も多いかというと、やはり宗教を信ずるものに多いのである。それで敬畏の精神を起こす唯一の力は宗教より外にないので、道徳のみではその力が薄弱なのである。この敬畏の念につきて遺憾なく言い現したのは二宮先生の高弟たる福住正兄《ふくずみまさえ》翁である。翁はその著『善悪応報鏡』という書中にこういうことを書いて居るが。

夫れ畏るるということは古人も万善の源というなる敬の生ずる元なり。夫れ敬《つつしみ》は畏るるが故に生ずるなり。古語にも敬は一身の守にして万善の源なりとも、また敬すれば身修まり、敬せざれば乱るとも、また禍と福とは敬と不敬とにあるとも、また敬は災に克つとも言えり。夫れ万善の源にして一身の守たる敬は畏るるより生ずるなれば、畏るるは敬の元なること明らかなり。その畏るるとは何ぞ。天を畏るるなり、応報を畏るるなり。

と言えり。これは宗教の主体たる神仏を敬畏することに付いての宗教心を言い現してほとんど余蘊《ようん》なしと言うべきである。それで慈善院に於いてはこの宗教なるものを麁末《そまつ》にしてはならぬということをまず第一に頭に置くことが大切である。また、たとい宗教を直接に教えないでも、院長なり職員なりが自ら宗教を心の中に把持《はじ》して、その宗教の精神を生活の上に実現して行くということになると、感化の実は自らその中にあるのである。中央イギリスに一種特別なる新式の学校が十年ほど前に出来た。それは色々の点に於いて特色ある評判の学校であるが、その規則書の中にこういうことがある。

宗教は吾人の終生を一貫せり。人生は実にこれを以て隙間なく充されざるべからず。本校は日常生活の一部分として児童に宗教を勧めず、その宗派の異同は問わざれども、寧ろ一挙一動悉く宗教の中に撮取し、以て人生を円満ならしめんと欲す。さればこそ本校にて朝夕一同十五分間ずつ礼拝を神に捧げて信仰と冀望《きぼう》とを表白するなれ。

その精神教育の一事に付いてもこういうことを言って居る。これは彼の有名なるドゥモラン［Edmond Demolins］氏の『アングロサクソン・スペリオリティー』に書いてあるのである。とにかく慈善院の中に畏敬すべき人格および畏敬の主体たる神仏が必要であるということは言うまでもないことであると思う。で、倫理教育を全からしむる一大動力として宗教教育は慈善院に於いは最も必要である。

第六、体育……体育としては兵式体操、機械体操、広き運動場「ベースボール」「ブランコ」および競争、角力《すもう》、撃剣、柔術、温浴、水浴等は最も大切である。なかんずく風呂場、運動場、撃剣場等はなるべく清潔にせねばならぬ。且つ感化を全からしめる上に於いては極めて必要なことである。なぜこれらを特に感化学校に於いて厲行せねばならぬかというと人の罪悪を犯すのは精神が悪いのみならず、身体が悪いからである。これは近世発達したる罪科学《クリミノロジー》の新案である。福澤［諭吉］先生が自叙伝を書かれて、その中に自分の息子さんの教育に付いて二、三頁極く大切のことを書いて居られる。その書中こういう意味のことがある。「息子を大学校へやれば直ぐ病気になる。いわば大学校は子供を病気にする処であると、こう考えて子供はアメリカへやるに如かずというので、アメリカへやって教育した」ということが書いてある。また教育上体育の必要に付いて論じてある語に、「自分の教育の主義はまず獣心をなおして然る後人心を養う」というのでこれが福澤先生の教育の方針である。この方針は欧米各国の大教育家の精神と能く符合して居るのである。その有名な教育家であるルソー［Jean-Jacques Rousseau］が書いた『エミール』という書物がある。その書はエミールという子供を教育する日記を書いたものである。それにこういうことがある。「ホッブス［Thomas Hobbes］は悪人を強き子供と呼べり。これは絶対的に矛盾せり。邪悪は総て弱きよりぞ起こる。子供は弱きが故に悪しきなり。強からしむれば以て善きものとならん」。また「子供は強くなるに従いて訴うる必要少なく、種々の力増加するに従いて他の扶《たす》けを借ることを要せざるに至る」と。邪悪は総て弱きよりぞ起こるという。この一語は感化教育の神髄である。昔は悪いことをする奴は強いものである、故に彼等の懲罰は強烈にしなくてはならぬといって峻刑酷罰を科したのである。そういう観念を以て刑罰法が布かれて居ったのであるが、今の科学でいうと悪い者は弱いものだということが証明されるようになった。だから、たとい不良少年であっても大人の犯罪人であっても彼は弱いから悪いことをするのであるということになって居る。例えば非常に感情の強い人が互いに言い争うて辛棒《しんぼう》が出来ないで人を殴打する。殴打する時の勢が強いから全く憎むべき奴と思うが、彼は実に可愛想なものである。畢竟己れの感情を抑えることが出来ないで腕力に訴えるのであるから、その人の意志は全く薄弱なのである。イギリスのウィリアム・ダグラス・モリソンの書いた『少年犯罪者論』という書物があるが、これは不良少年の書物を書いた書物中では余程組織的に出来て居る。その中にこういうことがある。

英国実業学校に入校する者の年齢は五歳より十五歳の間にあるが、千八百八十七年より千八百九十一年に至る五年間に於ける生徒の死亡数が千人に付き四・二なり。また病弱にして回復の見込なく退校したる者が千人に付き四・七なり。然るに英国に於ける普通児童の五歳ないし十五歳に於ける子供の同じ五年間の死亡数は千人に付き三・七なり。また、女子実業学校の生徒は千人に付き八・四なるに普通の女子は千人に付き三・八なり。而して女子実業学校生徒の中、病弱にして回復の望みなき為め退校したる者は千人に付き三・九なり。英国実業学校生徒の百人中三十九人は孤児または半孤児なりという。これらは即ち両親を早く失いたるより子供の体力を薄弱ならしめ、且つその結果は終いに実業学校に収容せらるるに至りしことを証明するものなり。

また、医員を選定して実業学校生徒中で十一歳と十二歳の者二千人に付いてその身体を検査し、同年齢なる普通児童二千人に就き検査せし所とせしめたるに、実業学校の児童は普通の児童より身長、体量その他総てに於いて劣って居るということを証明した。またドクトル・ワーナー〔Francis Warner〕（医者）はやはり英国実業学校生徒の体格を験査して、啻だにその生徒は身体の発達が宜しからざるのみならず、その身体に異状の呈せるあるを看出した。その異状とは（一）身幹の短少なること（二）頭蓋骨の小さいこと（三）目に疾患あること（四）

極端に蒼白く且つ痩せて居ること（五）神経系統に異状のあること、これを要するに全身の凡てが不発育の状態にあること等である。斯様な異状を有する生徒は実業学校に於いては百分比例の二十九であることを知るに至ったのである。それから同じ英国感化学校の調査も実業学校と同じくほぼこれに似て居るので、千八百八十七年から千八百九十一年に至る五年間に生徒の死亡率が千人に付き四・二一、病弱で且つ回復の見込がないので退校を命ぜられた者が四・二一である。ところが十六歳以上十八歳以下の感化生と同年齢である普通少年者の身体と比較して見るに、感化生の身長は大抵一「インチ」ないし二「インチ」短い。

アメリカの一例を取って述ぶれば、千九百一年シカゴから出る『ジュブナイル・レコード』の第十号に依ると、シカゴのフラワー夫人［Lucy Flower］が「イリノイ州に於ける少年保護制度」という論文中にこういうことを言って居る。「シカゴ市の少年犯罪者の為に特別に設けられたる『少年裁判所』に於ける二年間の経験に依れば、少年者が罪を犯すに到りたる原因は、彼等が天性悪しきが為にはあらずして、少年として為すべき遊戯および身体を発育せしむべき特殊の待遇を受くること能わざりしが為めなり。言葉を換えて言うならば、少年者の犯罪は父兄の教育その宜しきを得ざると、少年者の住みし境遇の悪しかりしが為なり。

それ故に彼等が要するところのものは何ぞやといえば、普通教育、工芸教育、道徳教誨および自然に適合せる遊戯にして、刑罰の執行と監獄の拘禁とにあらざるは明らかなり。しかのみならず、彼等は更に滋養分を含みたる食物と、衛生を保維《ほい》するに足るべき処遇を受けざるべからず。彼等は斯かる必要物を欠けるが為に、多くは普通の子供と比較して身体短小にその発育極めて不完全なり」。こういうことを書いて居る。この言葉はすこぶる簡単であるが誠に要を尽くして居ると思う。イギリスまたはアメリカに於いては既に斯の如く学者および実務家の輿論が一致して居る。而してイタリアに於いては如何というに「トリノ」大学の教授ドクトル・マローの調査によれば少年犯罪者のほとんど総てはその道徳性不規定であると共に身体の発育もまたすこぶる不規定である。殊に不完全なるは身体、殊に筋肉に関して特別に医療を施さなければならぬ。故に少年犯罪者を改良するには、まず第一に筋肉を発達させなくてはならぬ。それからアメリカ「エルマイラ」感化院の主任医ドクトル・ウェイはかつて私に言うのに、犯罪者、殊に未丁年犯罪者の実業教育につきては自分も多年調べて居るので大体は話すが、悉しいことはこれを見てくれといって『少年犯罪者の体育および実業教育』という書物をくれました。その中の体育に関係したことを摘訳して述ぶれば、犯罪人の脳底に潜伏せる人性をして芽を萌し、実を結ばしめんと欲せば、必ずや厳正なる規律の下にこれを培養し、これに施すに精神上および身体上の訓練を以てせざるべからず。今日ニューヨーク州立の監獄にある少年犯罪者を通観するに、その道徳上智識上および身体上の発育皆すこぶる不完全なるを見る。即ちその身幹は概ね矮小《わいしょう》にして顔面は一、二の皺《しわ》に於いて冷刻《れいこく》の相を顕し、頭顱《とうろ》の形状は偏曲し、その神経織維は粗造にして全身の挙動はすこぶる遅鈍なり。また彼等の品性は癡苦を受けざる時に於いてもその発育すこぶる不完全なり。或いは不適当に一方に向かってのみ発育して奸猾《かんかつ》に陥り、単に自己の利益を計る点に関してのみ鋭敏となれるなり。而して忍耐力および意志の力は全くこれを欠けり。随って継続して精神を使用するが如きことは到底堪えざる処なり。その智力は一轍《いってつ》に沿うて走るのみならず、意外の事変に遭遇すれば一蹶《いっけつ》また起つ能わざるものなり。また彼等の道徳心はその身体精神の発育不完全なるに伴うてまたその不完全なるを免るる能わず。彼等は是非の弁別を為す能わず、只だ自己に利あることを是とし、然らざることを非とするに止まりて、社会あるを知らず。故にその善に赴かずして悪に走り、精神を重んぜずして寧ろ肉体をこととするに至るは、蓋《けだ》し已むを得ざる所にして、彼等にありては斯くするを以て当を得たるものと信ぜり。これを要するに犯罪人の道徳的観念は顚倒《てんとう》し、その智力は麻痺し、その身体は生硬なりと。

また、

「そもそも身体の操練によりて精神の発達を援助する効果は高等学校および大学の実験に徴して既に明らかなるところなり。これによりてこれを観れば身体の訓練は啻だに運動家がまたは相撲業者を出すに止まらず、人の身体および精神を併せて健全ならしむるものなりとの確信誤ちならざるを知るに足るべし」。

またいえるよう、

「それ人の品性と身体の二者を截然《せつぜん》区別せんとするには素より不可能のことなり。何となれば人の精神は脳髄中に寓するものにして脳髄は身体の一部分なり。心性の機能をして敏活ならしめんと欲せば、必ずや脳髄をして物質的に健全ならしめざるべからざるの理なり。二者密接の関係を有すればなり。もしそれ魯鈍囚の心性を開発せんと欲せば、必ずやまずその身体の発育を完全にし、その機能をして敏活ならしめざるべからず。これ筋肉の発展および末梢神経の刺激は以て脳髄の健全を来たすべき自然療法なるべきを以てなり。エドワード・セガン［Édouard Séguin］は白痴者を教育するに当りて学術を後にし、まず専らその手と目の機能をして秩序的に発達を遂げしめ、終いに能くこれをして理解力と機智とを得せしめたることあり」

と言って居る。

とにかく慈善院に於いて体育が必要なることはこれに依って分かる。前にイギリスの中部学校の規則に付いて述べたが、その児童の教育に付いてもこういう言葉がある。

本校の目的は体育を盛んにすることを務む。生活上の失敗は多く身体の虚弱なるより生ず。故に本校の学生は日々操練し、盛んに運動散歩を為す上に毎日多少の手芸をも実習す。これ実に身体を強壮にし、精神の過労因循の生活より起こるべき神経過敏の弊を癒すに必要なり。

と、こういうことを言って居る。神経が過敏になって夜が眠られぬとか、また人を疑うということのあるのは畢竟身体が弱いからである。勤労は最上の衛生であるので、働いて勉強する下女には「ヒステリー」という病気はない。ティソ［Joseph Clément Tissot］という有名な精神病学者が語に「ヒステリー」は下女下男にはない病気で、却って深窓の許にある奥様などにある病気である。なぜ下女や下男に「ヒステリー」がないかというと、朝から晩まで働いて居るからである。それで精神病を癒すのには身体を運動させるに限る。我が国には未だないが、西洋へ行くと何百「エーカー」という原野が附属して癲狂者で畑などを作らして居る。それを「コロニー・システム」と名づけ、農業に因《ちな》みて精神病を癒すので、屋内で精神病者を癒すということは今日ではあまり行われないのである。これと同じ理由で不良少年を感化するにはまず第一に身体を強健にすることに注意し、身体を強健にして然る後心を善良にするということは実に理由のある遣り方である。

第七、音楽……音楽は唱歌、軍歌、宗教歌、学校歌、国歌とある。これは経済の許す限りやらしたが宜い。慈善院に婦人が関係するのは不良少年の品性を善良にする上に於いてなかるべからざる処の調和機関である。宗教を以て感化の本体にして居るところでは宗教歌が必要である。特に院歌或いは校歌を作りて歌わせたいと思う。「ピアノ」「オルガン」は勿論生徒の部屋にも「ハンド・オルガン」または尺八の如きものも置いて放課時間に用いさするのは必要であると思う。もし家族長の妻君が「オルガン」でも出来れば結構で、礼拝堂に一の「オルガン」があるのは当り前だが、各家族にも楽器があってこれを用いさするのは感化上極めて大切である。殊に不良少年は音楽が上手であることは諸君の既に御実験のあることであろう。或る一種の不良少年は特に或る音楽に長じて居るので、それを利用するが宜いと思う。尼寺や慈善院に這入るのは冷蔵庫に這入るような心地がする。そういう沈んだ生活は感化に有害であるから、出来るだけこれを避けて人生を楽しむようにするのは極めて大切のことである。故にこの意味に於いてもまた音楽は慈善院に必要であるのである。

第八、娯楽……近世教育の一新理想は娯楽の中に人を教育せんとすることであって、この点には各国とも特に意を用いて居るのである。そこでアメリカの或る州では内務省の中に娯楽局というのがあって、小は子供の玩弄物から大は国民の娯楽に至るまで研究して健全なる娯楽を国民に供するのである。これを社会教育の理想からいえば、人間を訓育するのに三つある。（一）清潔なる小説を読ませることと、（二）寄席を改良すること、および（三）芝居の改良とである。この三つの改良が能く行われれば社会教育の大部分は成功したといってもよかろう。この理想を慈善院や感化院にも応用して生徒をしてその院に生活するに娯《たの》しむところあらしめたいのである。慈善院や感化院では大祭祝日とか創立者および恩人の命日誕生日、或いは氏神祭などの機会を利用して教育に兼ねて娯楽の設備をするのが宜いと思う。ところが娯しみは猥れ易いのである。私の学校でも生徒が余興をやる。しかしながら校長もどんな余興をやるかを知らずその仕組を知らずしてやらせると困ることがあるから、院長なり教職員が能く余興の筋書を調べて許さなければならぬと思う。娯楽は慈善院の単生活を打破する唯一の武器であるから、これが設備には注意を要するのである。

第九、校外教育……学校内で教育することは勿論であるが、校外でもまた教育しなければならぬ。例えば修学旅行の如きまたは海辺に避暑して夏季を過ごすが如きは最も必要である。東京市養育院が海岸に養生園の如きものを設けて比較的弱き児童を待遇するが如きは結構なる設備であると思う。或いは名所古跡を尋ねて忠臣義士節婦の墓を弔うが如きは教育に資すること最も大なるものがある。斯様にするというと、啻だに精神の転換をなすのみならず、随ってこれが娯楽または体育の補助ともなるのである。感化慈善の両事業に校外教育は極めて必要であると思う。

第十、懲罰制度……イギリスの模範感化院である「ボルスタル」に於いては懲罰は特権を剝奪することを主にして居る。例えば手紙は何回出す、書物は一箇月に何冊借覧《しゃくらん》する、休日には遠足が出来るとか、或いは品行が方正なれば父母の写真をその室に飾ることが出来るとか、約束をしてある婦人の写真を掲げることが出来るとか、（これは日本では妙に感ぜられるが西洋では男女の関係上仕方がないものと見える）、或いは鏡を掛けることを許すとか、その他幾多の特権を与えて居るのを剝奪するのである。またオランダに於いては感化院に於いてほとんど監獄と同じような懲罰を施して居るのである。それは三日間を最長期限として鉄鎖に繋ぐ、一週間を越えざる間分房拘禁に処する。その次は十四日間以内で減食をする、特権の剝奪、読書、手紙、校外運動を三日間止めることになって居る。またドイツの「スタインフェルド」感化院は田舎にあって昔の大なる寺院の如きものを利用して居るのであるが、ここでは懲罰を執行することは甚だ少ない。その執行するときは如何なる種類の懲罰を執行するかというと、監房へ入れる。あまりひどくない悪い者なれば院長室へ呼んで訓誨を加える。逃走したとか、物を盗んだとかいう時は十打以下鞭を以て打つことになって居る。またアメリカの「ライマン」感化院では、私は数度行って研究したのであるが、喧嘩口論した者不勉強なる者は「マーク・システム」といって標点を附して「マーク」を八十取るとか百取るとかいう風にして行くのである。逃走、窃盗、手淫、鶏姦等をした者を発見せし時は良い家族舎に居るものを生活状態の悪い家族舎へ移す。一緒に飯を食わせずに一人で淋しく食わせる。なお悪い者は分房に入れる。石を割らせる。なお一層悪い者は鞭を加えるのである。尤も鞭撻《べんたつ》は院長の外は出来ないのである。それは膝から臀部《でんぶ》の方へ掛けて打つのである。それから減食をする。それは黒「パン」に「バター」を付けて少し与える。また或る犯則者には家族舎の周囲を何百回となく無意味に廻らせる。例えば靴の「ボタン」を落としたとか、着物を破ったとかすると一マイル廻らせるとかいうことにして居る。

以上申し上げたことは欧米各国に於ける懲罰の概略であるが、要するに感化院の罰則は減食または課程外の労働を科する。しかしながらこの課程外の労働を科する時に事実に於いて能く注意しなければならぬことは、一体労働をするということは人間の幸福の土台である。故に勤労は天の恵幸であるとするのが原則である。ところが労働を懲罰に換えるということは余程注意しないと労働は悪いものであるという観念を起こさせるのである。また体罰を科することは欧米各国いずれでもやって居るが、私は打つ方が宜いとは断言が出来ないのである。私の十年間の経験では体罰は効果のないのみならず有害であると思う。

しかしながら先進国たる欧米各国ではいずれもやって居る。体罰の可否につきては諸君の御研究を願いたいのである。そこで監獄で刑罰を科するのと教育上から体罰を加えるのとは大差があることを知らなければならぬ。感化院の発達は監獄改良より出て来たったのであるから欧米各国の感化院を見ると監獄の痕跡が遺って居る。故に欧米各国の懲罰法は必ずしも模範とするに足らないと思う。ヘーゲル〔Georg Wilhelm Friedrich Hegel〕の教育哲学にこういうことがある。「法律に規定した刑罰は教育に言うところの懲罰とは異なれり。法律上人を罰するのは所謂正義の観念を満足せしむる為に犯罪者を処刑するのである。教育の方は只だ過失たる児童の将来を警《いまし》め、これが発達進歩を促すより外に何にもないのである」また教育哲学を書いたドイツのローゼンクランツ［Johann Karl Friedrich Rosenkranz］の説には「生徒を懲罰するの目的は生徒をして発達進歩をせしめんが為なり。即ちその為したる過失を承認せしめ、而して正義公道の上に積極的に変化を来たさしめんが為なり」とこういって居るが、ここで法律上の刑罰と教育上の懲罰とは如何にその目的が違うて居るかということが分かる。故に鞭撻してその児童を悪く化するならば鞭撻せない方が宜いのである。しかしこれは諸君の御経験もあることであるから、ここには疑問として置くのである。そこで懲罰を加うる時の注意として申し上ぐれば、懲罰する前に懲罰執行者はその過失者の事情を調査すること。懲罰を加えるならば過失者の性癖、特長等を能く調べて然る後にしなければならぬ。寸分も忿怒の念慮を以て懲罰をしてはならぬ。また教職員に対して生徒が過失をしたならば、これを懲罰するときは関係教職員よりは他の教員に託して加罰しなくてはならぬ。よし体罰を施すとしてもその生徒は十二、三歳以下の者でなくては効果が無いと思う。懲罰はなくてはならぬことであるが、あたかも医者が患者に向かって「モルヒネ」を投ずると同じことであるから、なるべくしばしば用いないようにするのが宜い。懲罰は消極的のものであって、それほど効果のないものであるから、これに重きを置き過ぎないようにせぬと、労して効のないことが多いのである。

第十一、善行表彰制度……善行表彰が能く行われれば一向懲罰を用いるに余地がないのである。今日何故に社会が能くいかぬかというと、昔は善行表彰の制度が行き届いて居ったのである。今日新聞の三面記事の如きは事実に社会を害毒すること多大である。故に欧米各国でも新聞の三面記事は犯罪を醱生することに与って力ありとして、これが記事に制限を加えんとして居る。欧米の感化院に於いては善行表彰に種々の方法がある。その仮退院を命ずる如きは最後の手段である。欧米各国で善行表彰制度として最も顕著なるは「マーク・システム」で、「エルマイラ」の如きはこの制度でやって居る。如何に点数を付するかというに、品行に三点、学業に三点、作業に三点、即ち満点を九点として善良なる生徒には毎日九点ずつを与えるのである。また階級制度は三階故に分かってあるが、入院した当時は総てを第二階級に編入するのである。何故新入者を第二階級に入れるかというと、これには二つの利益がある。勉強謹慎すれば第一階級に上がられる希望と、悪いことをすれば第三階級に堕落する恐れとがある。「エルマイラ」では平均二年と二箇月くらいで放免されることになって居るが、総て評点《マーク》を付けてやることになって居るのである。そこで学業の評数《マーク》と労役の点数と品行の点数の三つを斟酌して、良い者には相当の特典を立てる外仕方がないと思う。私のところでは胸に徽章《きしよう》を付けさして最も良い生徒を模範生と名づけて優遇したことがあったが、種々の弊害続出して大失敗をしたことがあった。ともかくも善行者を表彰して相当の特権を附与することは感化事業に於いては大切なる方法である。褒めるということは善いことに相違ないが苟もその褒め方が煽《おだ》てるようになってはいかない。また褒めるときは大勢の前で褒めることとは宜しくないから、窃《ひそか》に院長の部屋に呼んで直接に院長と生徒と相対して褒めてやることが感化上却って有力である。もし大勢の前で褒めることになると、却って他の反抗心を起こして皆の者が寄って掛かって苛めることになる。また褒められたる当人は段々傲慢になるのであるから、褒め方が悪いと却って人を不徳に陥らすようなことがある。注意しなければならぬことである。

第十二、教職員の選択および待遇……これは感化事業の一番大切な所であって、法律も大切であり、組織の方法も大切であり、土地の選定も大切であるが、感化教育の成功、不成功の決勝点はこの教職員の撰定である。この前申し上げたように感化事業の成功は土地を選ぶことと、院長を撰択することが都合よく決したならば、感化の大部分に成功したものと見て宜しい。それから院長に次いでは教員、保姆《ほぼ》事務員等教職員の撰定である。この撰択は院長の考えにも依りまするし、院に依っても違いましょうが、私の鄙見《ひけん》を申し上ぐれば、感化院の教職員なるものは、院長、幹事と申しまするが、即校長の代理をする人、私は以後これを幹事と申しましょう。それから書記、教員、保姆、というような者を以て教職員を組織するのである。この上に私立感化院であれば理事会というものが組織されねばならぬ。府県立なれば予算でやるから、一切知事の意志で経営するから、理事会も何も入らないのである。もし私立であると理事会の組織は必ず必要である。その理事会なるものは民法に依って組織しなければならぬ。理事会は便利に依って何人か理事を院に同情ある人々の中より選挙せねばならぬ。勿論院長はその理事の一人である。而して院長は理事の中から選ばれてなるのである。そうしてその数人の理事の外には監事というものを選ばねばならぬ。監事は会計上に付いて院長のしたことを総て監査するのであって、会計報告には必ず相違のないという印を捺《お》さねばならぬ。これ世の同情者に向かって責任を明らかにするのである。私立であるとそういうのがあります。一感化院を組織するにはざっとこれだけの職員が必要である。

そこで感化教育の全体からいうと、ここに三つの要素がある。その（一）は教うること、（二）は治めること、（三）は化すること、即ち三つの要素が、感化教育を施す上に於いて必要である。教うることとは即ち教育授職の方からいうと、教員、および授業師の掌る所でありますが、これがまた実際やって見ると、なかなかむつかしい。左なきだに怠けて学事に趣味を持たない者でありますのを、それを厭《あ》かないように教うることはなかなかむつかしいのである。そこで教員は唯だ学課を教うることを知って居るのみならず、生徒を教え導く所の術をも知って居なくてはならぬ。教うるという中には精神上の訓育感化を含んで居るから、宗教を訓育の根本にして居る所では宗教を説かなくてはなりますまい。この訓育感化の一事に至りては院長が自ら任じてやらねばならぬ。その次は治めるということでありますが、治めるということは監督《アドミニスツレーション》の方に属するのである。英語の所謂「アドミニストレーション」で、院全体を管理して行く術であります。これは院を治めるということに付いては必要である。幾ら徳望のある人でも幾ら教育に素養があっても、院を治めるということの出来ぬ人は決して感化事業に成功することは出来ない。第一、治めるということに付いては教職員をしておのおのそこを得させ、彼等が楽で働くようにして行かなければならぬ。しかし教職員を治めるということはなかなかむつかしい。婦人が五、六人寄りますると、その間がなかなかむつかしいのである。また男子といえども一箇所に数人集ると、なかなか衝突は有りがちである。好き嫌いな人があったりして、銘々勝手のことを言うてなかなか治り悪い。感化事業は厭ではないが、あの人間が居るから辞職したいというて遂に辞職してしまう。かかることはいずれの所に於いても経験する所であろう。西洋各国の学校または慈善院に於いてもかかる実例は枚挙するに暇ないほどである。その有名なるペスタロッチという教育家は教育では大いに成功したが、治めるということにつきては甚だ不得意の所から、そのイベルドンに設けた学校の如きはその末路が実に憐むべきものがあった。しからば則ちその学校はどうして潰れたかというと、ペスタロッチ配下の教員が互いに軋轢《あつれき》して竟《つい》に潰してしまった。そこで院長に統御の才が無かったらば、幾ら徳の高い人でも学識のある人でも治まるものでない。また各家族のことにしても、教員なり保姆なりが生徒を取り扱う上に於いて、やはり監督の才がなくては治まるものではない。であるから慈善院に於いては単に教育、倫理、宗教、というものが大切であるばかりでなく、その院を治めるという監督の才幹がなくてはならぬ。これは『大分県の偉人伝』という書物であるが、大分県は御承知の通り、近くは福澤先生、遠きは三浦梅園など有名な学者が沢山出た所であるが、その中に広瀬淡窓という学者がある。この方は塾を開いて書生を薫陶して居られたが、私の今謂う治めるということに付いて大いに参考となる言葉を言って居られる。

大凡人を率うる途に二あり。一は治にして二は教なり。然るに世の儒者にして人を率うるには、教に在りて治にあらずという者あれども、数百の少年を一室に集め唯だ経義のみを講習しこれに懲罰を施さずんば駆りて遊逸に赴かしむるなり。左れは余は人を教育するに当たり、まず治めて而して後にこれを教えんと欲するなり。

と。それで実に慈善院、感化院に於いては監督の材幹《さいかん》なるものが必要中の必要である。次に最も肝要なるは化するということで、これは院長および教職員の人格に関係がある。教え方は上手であるといって化せられるものでない。院長および教職員の人格が人を感化するには大関係がある。今日西洋各国に於いて教育家の成功如何を分析して見ると、その人格が百分比例の八十五パーセント、方法組織が十五パーセントである。これは彼の国々に於いての定論であるらしい。校長および教職員の人格が八十五パーセント、方法組織が十五パーセント。こういう割合で教育なるものが全うされるものである。そこで感化事業に於いては化するということが非常に大切である。化育の一事は人物がなくては出来ない仕事である。思うに我が国感化院の将来は私立と国立との二つに分かれ、それから、今一つはこれら二者の間の子である代用感化院とのこの三つに分かれるであろうと思うが、いずれにしても人格の高い校長および教職員を得るということが困難である。殊に府県立の感化院ではこの点につきて充分に注意せなくてはならぬ。府県立の仕事はややもすれば役人風になって形式に流れる恐れがある。而してもし良き院長を見出したならば、一切万事を専任してあまり制肘《せいちゅう》するようなことがあってはならね。感化事業の要点はまず院長その人を得ると得ざるとにあるのである。この方針は今現に各府県に於いて執りつつある方針であるから、濫《みだり》にこの方針を変更しないようにしてもらいたいものである。私立の感化院には比較的人物を得易いのである。しかし一の困難は創立費および維持費を得ることの難事である。政府が人格の高き院長を歓迎することがむつかしいが如く、経費を豊かにするということが私立感化院では困難する所である。そこで感化院は教職員の選択が済むと、今度はその待遇をどうするかということである。しかしこの前に今一つ言って置きたいのは、教職員の要務に教えることと、治めることと、化することということが必要であると言ったが、一人で各教員銘々がこの三つを兼ぬることはなかなかむつかしいから、自然教職員は教える方と治める方とは分かれるであろう。そこで会計とか事務とかいうことになって来ると、教育はしない、それからまた教える方と化するという方になると事務や会計の方には立ちさわらない。専門専門になるとこういう風になるが、なるべく両方が大切であるということを考えて、たとい教育感化を司る方でも経済や事務のことを考え、会計や事務の方でもその職員である限りは生徒の感化には責任があるから教育と感化との助けになるよう行動せねばならぬ。というのは感化事業の一大目的は不良少年を救うことにあるからである。だから両方が衝突するようなことがあってはならぬ。そこで各家族に於いてその族長たるもののせねばならぬことは治めることであるが、その生徒を各家族で治めるにつきてはその年齢に依って生徒を分類することである。類別が立たなければ監督ということは出来ない。階級制度を採用して先日御話ししたようなことが出来れば宜いが、従来我が国の慈善院ではこういうことはして居ないのであるから、生徒を分類する時は年齢に依って分けるのがすこぶる便利である。各家族に生徒を分類配置するには生徒の性質に依らないで年齢に依って分けた方が宜い。そこで大きい生徒はなるべく同じ家族に入れ、小さい生徒はなるべく小さい家族に入れた方が宜い。私の遣り方は八歳から十二歳くらいまでは一家族舎に収容し、十二歳から十五歳までは他の家族舎に収容し、十五歳以上はまた他の家族舎に収容するということにしてあります。その理由は、大きい生徒が小さい生徒と同一家族に居ると、小さい生徒はいじけてしまう。身体も発育せす、精神状態も伸び伸びしない。小さい生徒が最も怖がるのは、校長でもなければ教員でもない。強く怖れるのは同居して居る年長者たる悪太郎である。というのは、気に入らねと暗打を喰らわしたり、人の知らぬ所に連れて行って擲《なぐ》ったりするから、誰よりもその悪太郎を怖がるのである。そこで類別ということは監督上実に肝要なのである。大きい生徒と小さい生徒を類別する理由は、前上の如くであるが、尚これを例えて言えば、大樹の下に小木を植ゆれば育たないと同一である。しかし、もし大きい生徒が善良に化せられて居れば、その者の室に小さい生徒を置くことは却って大きい木の下に小さい木が植えられて強風烈日を免れて成木するが如く、甚だ宜しいのである。しかしながら原則としては大きい生徒と小さい生徒とは家族を異にした方が宜しい。

それから本当の監督なるものは誰がするのであるかというと、院長でもなければ、教員でもない。生徒をして生徒を監督させるということである。つまり芋を以て芋を洗うの政策である。更に一歩を進めて考えると監督の秘訣は生徒自身が自身を監督するということである。チャールズ［サミュエル・トレイン?］・ダットン［Samuel Train Dutton］という人が『教育の社会的方面』"Social Phases of Education"という書物を書いた。この人はニューヨーク「コロンビア」大学に師範部というものがある。その師範部の学長であるが、その書物の中にこういうことが書いてある。「ドイツとイギリスの教育の違う所は、ドイツは教師が生徒を監督するような風に始終やって居る。それだから教師が監督せぬ時は生徒自分で自分を監督することは出来ない。しかしながらイギリスの教育の仕方は生徒自身が自身を監督するように教えて居る。それでイギリスの学生は卒業後の成績が宜い」と、そこがドイツの教育とイギリスの教育との違いだというが、私はそれは本当であろうと思う。教育上大切なることは学校および生徒は第一校長および教師が監督すべきものである。しかしながらそれだけではなかなか届かないから、生徒をして自身を監督するのみならず、他生徒をも監督させるようにせねばならぬ。ここに至って監督というものが極地に達したのである。

それから慈善院、感化院で監督上困るのは、生徒が手淫や鶏姦《けいかん》をすることである。これは実に困ったことであります。これにはほとんど監督の仕方がない。それで能く注意して御覧なさい。生徒が教場に来て眠る。それから物を能く忘れるというような場合にはその原因多くは手淫や鶏姦をやるからである。これほど脳髄および他の身体害を及ぼすものはない。しかしその手淫、鶏姦ということはなかなか監督がむつかしい。これを罰せんとならば現状を発見しなければならぬ。かかる生徒を礼拝堂に連れて来ても道義教誨を施しても、食物を改良しても、かかる悪癖を実行して居る時は、如何なることを以て生徒を処遇しても、まるでゼロになってしまう。それですから家族長は家族内に居ってこの点を能く監督することが大切である。ところが、かかる生徒を呼び寄せて口で説諭をすることは、却って害あって益ないことである。そんならば口で言わないで、どうして監督するかというと、これは余程むつかしい。殊に中学校を堕落して来た生徒は取り扱い上、一番むつかしい。我が学校にそういう悪風を輸入したのは中学生である。中学生の堕落悪化はひどいもので、彼等が入校して来た時に能く手荷物を調べて見ると、悪い絵葉害や艶書《えんしょ》などを持って居る。そうしてこういう悪習を感化院に輸入するのみならず、他生徒にも教える。その悪習が我が学校に輸入されてより、今に至るまで根絶することの出来ないのは誠に痛嘆に堪えないことであります。これを監督するには見附けた時は勿論厳重に処分をする方が宜しいと思う。しかしながら厳重な処分をしたばかりではこの悪弊を杜絶することは出来ない。他に有力なる矯正法を案出してこの悪風を根絶するようにせねばならぬ。手淫鶏姦者に限りて、身体が弱くなって居る。しかのみならず、気力が薄らぎ、物に耐える所の根気力が弱くなり、また喧嘩などもその根を洗って見ると、この悪習に関係してあることが多い。これは感化院や学校ばかりでなく、監獄などに行くと鶏姦などに関係して殴打や喧嘩が起こることが多い。また顔の奇麗な生徒が居ると年上の悪太郎が付け狙う。もし意に従《かな》わないと窘《たしな》めるのであるから、終始弱き方の生徒を保護しなくてはならぬ。この保護が行き届かないと、苦しさのあまり逃亡するのである。感化院の逃亡は多く鶏姦などに関係して居ることがある。この点には精密なる観察を遂げて時宜に適うたる保護施設をせねばならぬ。そんならばこの悪弊を矯《た》めるにはほとんど術のないのであるかというに、私の実験によれば体育を奨励するより外に仕方《しかた》がないと思う。即ち運動を厲行《れいこう》し、盛んに体操をさせ、農事に従事させ、手工を教え、冷水浴を行わしめるという風にともかくも身体を活動せしむるのである。そういう風に身体を訓練するならば、夜分になると独り手に眠るようになる。従ってこれが習慣とならば手淫や鶏姦に遠ざかるようになる。これより外に悪風矯正の良法はないであろうと思う。

それから県から来て御出での御方がありますが、感化院は早晩各府県に出来ましょうが、その院長なり教職員にはこの講習会を卒業したるもの、または教育界より推挙した方が宜しかろう。教育界には小学校長であるとか教員であるとかいう人々の内には、感化救済事業に趣味を持った方がありましょう。こういう趣味と徳望ある人々を撰抜してその任に当たらしめたらば、人を得る上に於いて便利があるであろうと思います。

次に申し上げたいのは、経済ということであります。これは慈善院の精神訓育を重んずると同時に重んじなくてはならぬのである。感化院を成立さするのに精神の根基が元である如く、同じ意味に於いて経済がまた慈善院の根底である。ところがこの経済という問題は府県立または公立であれば予算でやるから少しも差しつかえないが、私設となって来ると随分困難なる問題である。故に私設感化院ではこの経済問題につきて慎重なる態度を取らねばならぬ。経済が大切であるというのは、たとい精神状態が良く行って居りましても、経済の一事が良く行かぬと、それで院は倒れてしまうのである。日本人はあまり金の使用法につきては重きを措《お》いて居らぬように見える。慈善院を始める時は無一文でやるのである。日本ばかりでなく西洋各国でも私立の感化院なり孤児院なりは無一文で始めたのが多いのであります。無一文でやったとて、信仰の立場からいえば必ずしも出来ぬこととは限らぬ。その人の篤き信仰、高き人格の如何に依っては無一文でも出来るのであるが、我が国の慈善事業で一番むつかしい問題は経済のことである。我が国で基本金の沢山ある慈善院は指を屈するに足らないほどである。養育院が三十七万円、秋田の感恩講が三十万円、福山の義倉が二十万円ばかりあります。その外少々の基本金を持って居る所はあるが、その基本金に依って事業を経営するに足るような所はあまりないのであります。とにかく府県立であれば予算でやるから確かでありますが、そうでない以上は私立の慈善院や感化院は経営上堅固なやり方とはいえない。しかし今日は慈善事業の初期であるからして、そういう訳には参りよせぬが、経済ということは特に注意しなければならぬ。徳川三百年の治世がどうして衰滅したかというと、一つは金が足らぬという事柄であった。大した徳川幕府ですら経済不如意になりて倒れたのであるから、微弱なる慈善院ではこの経済ということには注意の上にも注意をせねばならぬ。そこで一寸と申して置かなければならぬことは、寄附金の募集ということである。これはすこぶる面倒な問題である。大いに寄付金を集めなくてはどの慈善院でも困るが、しかし大いに寄附金を募集するということになると、直《じき》に色々様々なる故障が起こって来る。慈善院の評判の悪くなるのもこれが為である。私立慈善院であれば寄附に訴えるより外に維持するの道がないが、なるべく弊害の起こらないようにしてやることが大切である。寄附金募集につきて注意せぬはならぬことは、これに打ちかかる人物である。慈善院の名誉を傷けるものは多くはこの募集員である。そこで募集員を撰ぶ時には特別に注意をしなければならぬ。私一個よりいえば募集に付いては消極的であるから大きな事業は到底出来ない。従来家庭学校が外の人を頼んで寄付を募集したことはない。募金をすれば私がいつも出掛けて行くのである。何故なれば他人をやれば弊害が起こるからである。だから募集員に募金のことを託すとすれば、余程注意しなければならぬ。甚しきは募集した金で登楼《とうろう》したり、酒を飲んだりする者が決してないとは言えない。実際のことを申し上げますと、或る府県に慈善事業の視察に出て行きました時、かかる募集員が跋扈《ばっこ》するので社会の人々が迷惑をするから警察署で検挙したいが如何のものであろうかというような相談があった。そこで、私は検挙されては困る、今日或る募集員の不正なることに依って刑事問題が起こったならば、他の善良なる慈善事業が迷惑をするから、どうかそれは一つ考えて貰いたいというて中止させたことがあった。かかる不正募集員なり他の慈善事業の弊害を取り締まるのには、なるべく府県令とかまたは中央慈善協会というが如きものを以て取り締まって貰いたい。大阪の如きは十有余の慈善院団体があって互いに取り締まることになって居るが、これらの方法によりて慈善事業を取り締まりて貰いたいのである。警察が刑事問題を提起して手荒く取り締まっては他の善良なる慈善事業に影響をするから御手柔に遣《や》って貰いたいということがありました。実際経済問題の大切なることは道徳問題の大切なることと同一でありますから、この点には慎重なる態度を取らねばならないのである。

それから経済問題に関しては会計報告が大切である……。慈善院の収支決算をした会計報告は極めて明確にこれを社会に発表しなければならぬ。然るに我が国の慈善院内には会計報告をせぬ所もあるように聞きます。これは甚だ宜しくないことである。我が家庭学校は寄附によりて成立して居る学校であるが、校長は初めから寄附金を取り扱う会計はせないのである。これは校長が会計の才幹のないことにもよるが、一は寄附金を集めた者が支払いをしてはよくないという所からして、会計専門の人を頼んで遣って貰って居るのである。つまり信用なるものは間違いなく金銭を取り扱うことで、金銭の取り扱いが明確でないならば、即ちその人に誠実の徳がないと同一である。幾ら道徳の高い人でも、金銭の取り扱いが粗末であったならばその人の道徳はつまり卑しいのである。それで慈善院の会計を明確にするということは極めて肝要なる事である。それがやはり経済に因みて言うのでありますが、慈善院に使用する所の金銭物品の使用方法である。一つの例を申せば、私は或る孤児院で見聞きしたのでありますが、多くの善男善女が孤児院に同情して小さな鉛筆の使い屑を集めて袋詰めにして送って来た。勿論孤児院には新しい鉛筆をも多く寄附する人がある。鉛筆が沢山あるからその孤児院の子供は先生から貰った小さい鉛筆は使わずにこれを放棄して、そうして大きい方から大きい方と使って行く。「シャツ」でもそうで、新しい「シャツ」を貰ったり古い「シャツ」を貰ったりする。であるから新しい「シャツ」を着て古いのは粗末にする。それをもし寄附者が見たならばどうでしょう。恐らくは失望するでありましょう。もし慈善院なり孤児院なりが注意を以てこれらの寄附品を使用せないと、寄附者の内には一合の牛乳を五勺飲んで、その五勺を慈善院に寄附する人も珍しくないのであります。院児は凡て良民に仕立ねばならぬのでありますから、院に居る時から日用品の使用法につきては丁寧に教えねばならないのである。こういうことは何でもないことのようであるけれども、院の信用は金銭物品の使用法から起こって来る。第一慈善院に居る子供は非社会的であって、経済的の頭が少しも無いから、「ハンカチーフ」を使うにも、石鹸を使うにも、大切に使用するということが出来ないのであるから、別けてもこの点に関しては教えなくてはならぬ。しからざれば物が粗末になるのみならず、子供を感化する上に於いても少なからぬ障礙を来たすのである。それで金銭物品の使用法には極く綿密なる注意をすることが必要である。これは慈善院の目的を達する上に於いて一日を緩《ゆる》うすべからざる問題である。

それから教職員の待遇である……。長く一つの事業に従事して貰おうと思えば、慈善事業だからといってその人に金銭上で献身させるようなことはいかぬ。慈善院の理想から言えば基本金を以て教職員に相当なる生活費を供給せねばならぬ。慈善事業に従事すればとて教職員の誰彼を問わず、いずれも皆汚い着物を着ねばならぬという先天的の約束はない。それであるから、予算が許す限りは相当な支出をするが宜しい。寧ろ待遇はすこぶる宜しくして、その代わりには他の者が一時間働く所は二時間働き、または生徒を親切に取扱い、一つ事業に長く献身して貰った方が善いのである。金や着物で献身して貰うことは慈善院を成功せしむる良策でない。私の実験によるも我が家庭学校で、初めから今日まで同じ人が同じ事業に長く尽力して居ない。校長を除くの外は皆代わって居る。長きは二年、三年、四年、短きは数箇月で辞職するという状態である。それは何に原因しておるかというと、一つは私の思うには待遇が良くないからである。安んじて職に従事するだけのことをして居ない。外の慈善院でも恐らくそうであろうと思う。数々事務員なり教職員が更迭をする。それは何で更るかというと、互いに衝突するとか何とかいうことばかりでなく、待遇が良くないからである。そこで教職員の生活を贅沢にせよというのではないが、出来るならば相当の待遇をして、安んじてその職に尽くして貰うようにしたいのである。慈善事業に従事する者は教育に従事する者とその待遇は別に違わぬ方が宜いと思う。それから春秋二季くらいは一週間が十日くらい事務を見計って休暇と旅費とを与えて旅行して貰うことは転気上からいうも大切である。年中困難なる事業にばかり従事さすることは宜くない。慈善院が相当な基礎が立って来た暁にはそういうことが必要である。更に加えて教職員には養老保険を附けることが宜い。これは院の経済にもよるべけれど、是非せねばならぬことである。養育院などは経済の基礎が大分堅固であるから、そういう方面に注意が行き届いて居るが、六十以上くらいになったら養老保険を以て生涯安心して行けるような方法にしなければ、有力な良い人物をこの事業に歓迎することは出来ない。それであるから教職員の待遇は出来るだけよくしたいと思うのである。どうも一番善い仕事に従事して居る人物の待遇が一番悪い。その待遇の悪いのは当り前だ、慈善事業は献身してやるべきであるというのは社会が悪いと思う。例えばアメリカの大学の教授が老後に於いて困るというので、カーネギー［Dale Breckenridge Carnegie］が百万ドルを支出して教授達の養老資金とした。高等教育に従事して居る人々に慰安を与えるようにしたというので、世人は非常にカーネギーを賞めるのであるが、私はそう思わない。その行為は良いけれども結果は大学教授を侮辱して居ると思う。カーネギーに保険を附けて貰わぬでも大学教授であるからは、その大学より義務的に養老保険を附くべきものである。それを何か一の恩恵的である慈善事業のような姿でカーネギーから養老金を貰うということは、教育家に取りてはあまり面白くあることではない。世の中にて一番良い所の精神的事業に従事する者の待遇が宜しくないということは、その事業の成功しない原因であると思う。それ故感化院、慈善院にありては教職員に向かって相当の養老保険なり生命保険を附ける所の途を追々開くようにしたいものである。これは困難なる事業に一生涯献身することにつきては必要の事であると思う。

これを要するに私は感化事業の歴史、現況、犯罪および不良行為の原因およびこれが救治策と感化院の管理方法につきて鄙見を述べましたが、今少しく精しく述べたいのは、刑法上に謂う所の責任年齢および現行感化法のことであるが、私の時間は諸教授中一番長く講述したのであるから、これで一まず止めることに致しましょう。この炎熱の候にも係らず、諸君が熱心に御静聴下すったことを感謝するのであります。

附録（参考書籍）

（1）内務省蔵版『欧米感化法』
（2）内務省警保局出版『仏国「メットライ」感化院』
（3）小河［滋次郎］法学博士・著『未成年者に対する刑事制度の改良に就いて』
（4）乙竹岩造・著『低能児教育法』
（5）*The State of Prisons and Child-Saving Institutions in the Civilized World*. By Dr. E[noch]. C[obb]. Wines.
（6）*Juvenile Offenders*. By Dr. W[illiam]. D[ouglas]. Morrison.
（7）*Adolescence*.（Two Vols.）By Stanley Hall.
（8）*Dependents, Deffectives, and Delinquents Classes*. By Dr. Charles Henderson.
（9）*Dangerous Classes*. By Charles L[oring]. Brace.
（10）*State Children in Australia*. By Chatherine Helen Spence.

(11) *The Making of the Criminal*. By [Charles Edward Bellyse] Russell and [Lilian M.]Rigby.

(12) *American Juvenile Reform Schools*. By David S. Snedden.

「公益」と「愛」の間で　——留岡幸助の感化教育論

姜　克實

一

キリスト教社会事業家だった留岡幸助（一八六四〜一九三四）は、民間人の宗教家でありながら政府組織に一番近い人物であった。日本の近代社会事業の草創期に官民協力を唱えつづけただけでなく、のち政府の立場（内務省嘱託）に立って国民統合の報徳運動を推進し、また転換期の感化事業の推進、慈善事業の改革・統廃合を指導した理論家かつ実践家というべき人物である。

岡山県高梁にある町人の家に生まれ、子供の時、士族の子にいじめられた体験があった。一六歳の時「士族の魂も町人の魂も神の前に出ては値打は一だ」というキリスト教の説教を聞いて感動し、教会の門を叩き、高梁教会（組合教会系）で上代知新牧師から洗礼を受けた（「わが奉教の由来」）。その後同志社在学中、基督教の光で人間社会の闇黒面を照らそうと、監獄改良事業を志し、卒業後、丹波教会を経て北海道空知集治監の教誨師として監獄改良事業に従事した。教誨の傍ら囚人調査を通じて彼は「不良少年教化の甚だ急務なるを感じ」、一八九四年五月からアメリカに渡り、二年間、監獄改良、感化教育について研鑽し、帰国して少年感化の施設にあたる「家庭学校」を創立するにいたる。

一八九七年頃から『基督教新聞』を中心に「慈善」のテーマに関して発言し続け、一八九八年、日本の「社会事業史の古典」といわれる『慈善問題』（警醒社）を上梓し、黎明期の社会事業の研究に着目する第一人者としての地位を築き上げた。一八九九年社会学研究会、一九〇〇年貧民研究会、一九〇五年慈善研究会などのアカデミーの活動に参加し、学問の交流を通じて慈善事業、社会改良事業の理論を磨く一方、実践の面においても感化事業、慈善事業の諸活動に投身してゆく。アメリカから帰国後、彼は霊南坂教会の牧師、組合教会の役職を務める傍ら、「家庭学校」を開き（巣鴨、一八九九年）、感化教育を行った。

この時期、特に注目すべきは、留岡の政府内務省への急接近である。一八九九年五月、年俸一五〇〇円という「破格の優遇で」彼は内務省警察監獄学校の教授に就任している。翌年内務省の地方局、警保局の事務取扱嘱託となり、一九〇四年内務省宗教局の事務取扱嘱託など政府職にも就任している。この間、彼は政府推進の慈善事業の行政指導、統廃合に関わり、一九〇〇年から全国の「慈善事業を調べて歩き」、一九一四年嘱託をやめるまで合計百一回の地方視察、出張をこなし、足跡も全国の各府県に及んでいる。そのほか、一九〇三年全国慈善同盟会設立の創立委員を勤め、一九〇八年中央慈善協会の設立にも参画し、慈善事業の統廃合に指導的な役割を果たすようになった。

このような多彩な活動を通じて、留岡は国家の立場でより広い視野で社会問題全般を見渡すようになり、また政府の職で各地での講演、社会事業施設の調査を進めるうちに、国家的責任感も自ずから養われ、次第に一キリスト教者の信仰の枠を越え、国家の事業として、また政府官僚の責務として社会事業の樹立に取り組むようになった。

宗教的社会事業家の国家への接近は、慈善行為、感化・救済活動の社会事業化という過渡期における時代的要請であり、日露戦争前後の社会事業家たちの誰もが多かれ少なかれ有した共通的思想傾向であるが、留岡がとりわけ突出していた。その理由には、留岡が関わった監獄、感化院事業はほとんど国家的施設であり、国家への接近というより、国家から接近され、協力を求められる面があった。留岡にしても、自らの理想を成し遂げるため、政府の施設を利用し、自分の主張と経験を国家の政策に活かす必要を認識していたと指摘される。

二

日本における近代的感化事業の始まりは、高瀬真卿が一八八五年十月東京湯島称仰院内に設立した「私立予備感化院」とされるが、のち、大審院院長三好退蔵のバックアップと宮内庁の資金援助を受け、一八八六年十月東京感化院と改称した（池田敬正『日本社会福祉史』）。日清戦後一八九七年内務省の「感化保護事業要綱」の発表に併せ、東京養育院院長の渋沢栄一も感化部の設置を決定し、一九〇〇年七月国の「感化法」と歩調を合わせる形で〝準国営〟の本格的な感化施設を発足させた。当初、小石川大塚辻町の養育院敷地内において小人数で試験的に運営し始めたが、「一年余り教育を試みたが、遺憾ながら失敗に終わった」と渋沢がいう。普通児童と問題の児童を同一構内に収容したため、「其相互の接触により感化教育の効果を見る能わざるのみならず、却て他の普通の児童を悪化するの奇観を呈したた」という（渋沢述「回顧五十年」）。また教育の方法にも途方に暮れ、感化の方法はただ「食物の上で賞罰の待遇を施す」ような有様で、実効をあげることはできなかった。この失敗は突き詰めていえば、「不良児童の収容」「犯罪の防止」という「治安」の発想から生まれた公営感化事業の弱点、というべきものである。渋沢は感化事業を社会全体の安寧を保証する公益とみなし、肝心な感化、教育の面で無策だったと言える。

これに対してもう一つの実践は、信仰に基づく感化を試みる石井十次の岡山孤児院である。外界に心を固く閉ざした石井の場合、常に信仰心を優先し、社会との協調性はあまり見られず、時には反社会的性格さえ覗かせる。瞑想や天父との交信（インスピレーション）を頼りに、経営方針を二転三転と改変させ、無制限収容、「不借金主義」、或いは「祈禱」頼りの経営方法には著しく合理性が欠け、その神懸かり的運営は幾度も孤児院の経営を危機裡に導いた。また所謂ルソー式の自然教育の方法も、茶臼原開墾の実践も、すべてインスピレーションに動かされた信仰からの独断で、その目的も社会問題の解決ではなく、邪悪の社会から脱出して茶臼原に地上の天国を建設することにあった。

東京養育院のように、国家の「公益」を優先するなら、感化事業は愛と人格と教育の魂を失い、反対に石井十次のように宗教心にまかしてしまうと、経営の非合理性と反社会性の一面が現れ、肝心な社会問題解決の結果に結びつかない。

この国家の公益と宗教、人間の愛の矛盾を乗り越え、理想的感化教育の方法を模索したのは、留岡幸助の「家庭学校」であった。

日露戦争の後、戦時下の増税に苦しむ地方農村の疲弊、荒廃が進み、都市部においても資本主義の発展を背景に、従来の貧困に加え失業問題もクローズ・アップされた。方や思想界において無政府主義、社会主義が流行し、これに刺激され労働運動、小作争議も多発した。この思想的、経済的「国難」を切り抜け、忠良なる国民の創出を目指して、天皇制国家による国民統合の官製国民運動が進められた。一九〇八年戊申詔書の後、内務省主導の地方改良運動も全国規模で繰り広げられ、二宮尊徳の報徳思想が鼓吹されるようになった。

三

本資料である留岡幸助著『感化事業とその管理法』を誕生させる場となった、「第一回感化救済事業講習会」はすなわち、このような時代背景の下で、一九〇八（明治四一）年九月一日〜十月七日、内務省の主催によって行われた（國學院大學）。全国的に繰り広げられた地方改良運動の一環とする性質があるが、背景には、一九〇八年四月「感化法」の改正があった。刑法の施行により十四歳以下の少年は、刑法の裁量範囲から外れ、全国各府県に施設内の処遇（感化教育施設）が求められ、義務づけられるようになった。これまで民間の事業に任せていた感化施設の設置は国営事業として行う緊要性が生まれ、行政主導による教化、社会事業として感化事業を立ち上げなければならなくなっていた。その準備の第一歩として、一九〇八年二月の予算委員会で、新費目「感化救済事業講習及び調査費」が計上され、講習会が準備された。同年、九月から十月に実施されたこの講習会は、通算三六日間、二五科目、一一六時間をかけて行われ、各方面の関係者、専門家のべ三四〇名が出席し、日々平均の出席数は二九二名であった、という（『感化救済事業講演集』、下、床次竹二郎内務省地方局長）。

留岡幸助の『感化事業とその管理法』はこの講習会での講演内容である。膨大なページ数から見れば、後に手を入れ、相当増幅、整理したと思われる。その後、『感化救済事業講演集』の下巻に収録され、一九〇九年、内務省地方局によって出版されている。

予算を組んだ、大掛かりの「感化救済事業講習会」というが、三十名を超える講師陣には救済（慈善）事業の専門家、内務省官僚が多く、対して「感化」教育の理論且つ実践に通じる専門家は殆んどいない。その中において、留岡幸助（肩書内務省事務嘱託）は数少ない専門家として、感化事業とは何かについて、世界の最新理論、各国の実践及自らの「家庭学校」の経験を踏まえ、できるかぎり、詳細にしかも全面に説明しようとした。文章の占める分量も多く、普通の講演の三倍にあたる一八〇ページを超える。アカデミーの理論、西洋各国の施設の紹介もさることながら、自らの実践から得られた経験や、宗教者、民間人としての理解も多く盛り込まれたところが、留岡の特徴ではなかろうか。いわば、自らの経験を踏まえて、これから義務化する新たな感化事業のために示した、事業の手引書のような講習であった。

第一編の総論において、感化の定義及び英国、フランス、ドイツなど各国の感化事業の歴史、施設を紹介し、日本についても徳川時代に遡り、明治後の「懲治場」、その後の「薫育院」、そして「不良少年」の名称を避けるべく自らの考案した「家庭学校」の実践も紹介した。

第二編は多くのページを割いて不良行為並びに犯罪の種々の原因――社会的原因、個人的原因――について分析し、第三編は不良少年の類別について説明し、「法律」による区分と同時に、自らの、「盗窃児」、「惰怠児」、「乱暴児」、「浮浪児」という「留岡式」の学術による区別方も紹介した。

一番肝心な部分は第四編の「救治制度」にあり、従来の司法権による処罰――拘禁制度　監獄以外の不検挙、起訴猶予、執行猶予、あるいは警察権による説諭、留置、罰金、体罰、拘禁刑罰などの処遇法を紹介しながら、自らの本領というべき、少人数の家庭式の感化環境及び教育的処遇の方法を詳しく説明した。恵まれた自然環境の中、家族のように家族舎を設け、少人数で共同炊事の生活方式を描き、また教育面では、普通教育と職業教育、さらに徳育教育の内容に宗教教育の導入も主張した。普通の学校と同じような体育、音楽、娯楽、校外教育（修学旅行）の導入、また勤労思想の注入、善行表彰と教員の優遇政策も説いた。監督者には院長も、教員も入れず、生徒自身で行う主張は、いかにも民間の宗教家でもある留岡らしい心遣いである。

留岡の特徴は、なんといっても国家の公益（社会事業）と宗教の愛（人格に基づく感化教育）の真ん中にたち、そのエージェントを務めるにあった。宗教には、人格の尊重、人間への同情、憐憫など「愛」の心があり、近代の慈善事業の原動力であったが、それだけでは貧困、失業、犯罪などに代表される明治末年の深刻な社会問題の根本解決に繋がらない。対して国家には社会政策を行う行政組織力と資金力をもち、無計画に行われた個人の慈善行為、教育、感化の活動を社会問題全体の解決を目指す社会事業の軌道に導く力があるが、「愛」の心がないため、民間の監督体制なしに、人格を保つ理想的感化と教育が行えない。この両者の長短を止揚して、愛なき感化を理想的社会事業として成就するためには、当時、留岡幸助のようなエージェント的役割を果たす民間人、信仰者が必要であった。

このような時代の課題は、人間が生き延びるための社会政策、社会事業が、今日のような人間がよりよく幸せに、豊かに生活する社会福祉に進行してきた時代にも、依然未解決の面が多く残されていると思う。議会民主主義の方法による国家的行為、政策の監視、建言、人間の温かい愛の心を冷たい国家の行政政策に取り込むことは、現代的課題でもあると思う。その意味で、留岡のこの著作は、今なお後世の我々に国家の「公益」と人間の「愛」の原理を語りかけているような気がしてならない。（岡山大学教授）

[著者]：留岡　幸助（とめおか・こうすけ）

感化教育や監獄改良などに尽力した、日本の「感化事業の父」。同志社英学校別科神学科卒。牧師の資格を持つキリスト教教誨師としては日本初。教誨師として赴任した空知集治監の囚人の扱いに疑問を感じ、監獄学を学ぶため渡米。コンコルド感化監獄およびエルマイラ感化監獄で実地研修、ブロックウェーに師事。帰国後、巣鴨監獄の教誨師および警察監獄学校教授、内務省地方局嘱託。不良少年の感化教育のための「家庭学校」を設立。特に北海道家庭学校が名高い。（1864-1934）

[解題]：姜　克實（ジャン・クーシー）

1953年中国天津市生まれ。 天津市南開大学、復旦大学大学院を経て国費留学生として来日。早稲田大学文学研究科博士後期課程修了。文学博士。早稲田大学第一文学部助手、岡山大学教養部助教授を経て現在、岡山大学大学院社会文化科学研究科教授。専門は、日本近現代史、近現代思想史。主著に『石橋湛山の思想史的研究』（早稲田大学出版部、1992年）、『近代日本の社会事業思想―国家の「公益」と宗教の「愛」』（ミネルヴァ書房、2011年）など。

日本《にほん》の司法福祉《しほうふくし》の源流《げんりゆう》をたずねて 2

感化《かんか》事業《じぎよう》とその管理法《かんりほう》

平成28年8月2日初版第一刷発行
著　者：留岡《とめおか》 幸助《こうすけ》
解　題：姜 克實《ジャンクーシー》
発行者：中野 淳
発行所：株式会社 慧文社《けいぶんしや》
〒174-0063
東京都板橋区前野町4-49-3
〈TEL〉03-5392-6069
〈FAX〉03-5392-6078
E-mail:info@keibunsha.jp
http://www.keibunsha.jp/
印刷所：慧文社印刷部
製本所：東和製本株式会社
ISBN978-4-86330-163-4